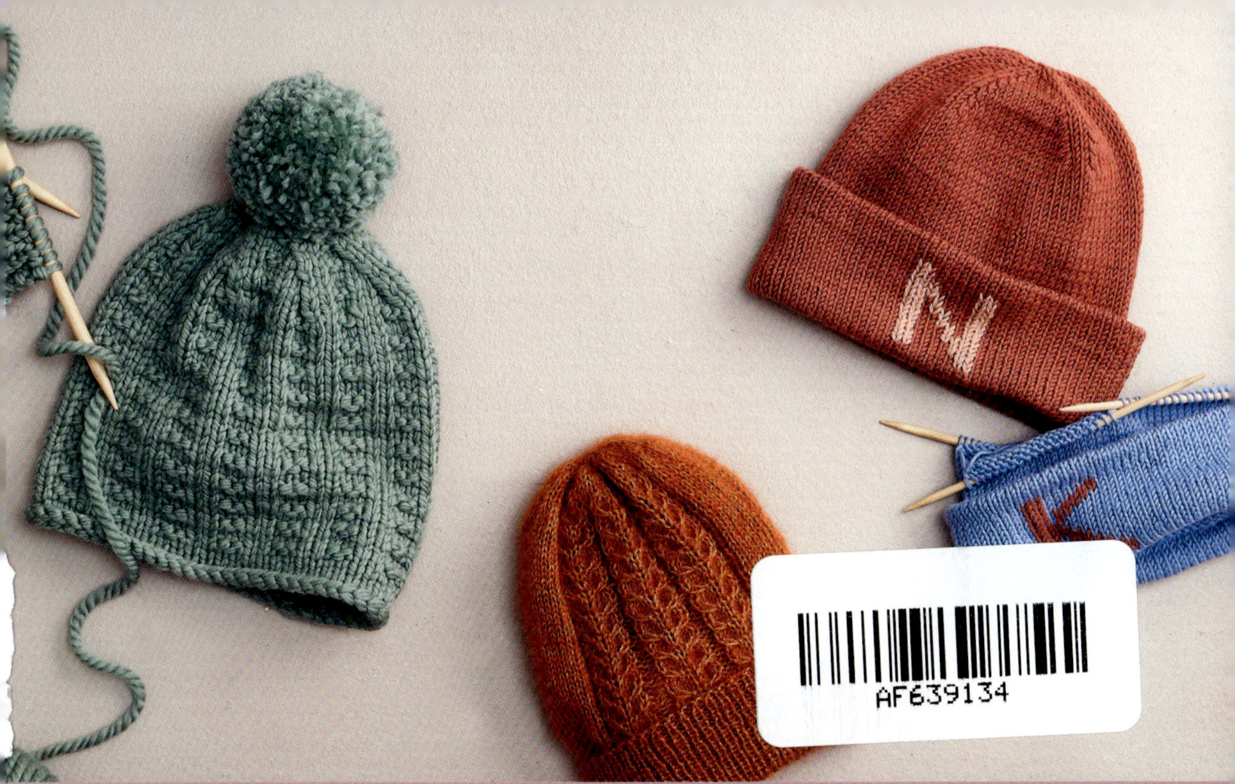

Strickmützen sind DAS modische Accessoire in der kalten Jahreszeit. Sie setzen Akzente und runden einen Look gekonnt ab. Egal, ob in einer leuchtenden Knallfarbe oder lieber dezent – eine Mütze ist immer ein Hingucker.

Mützen sind schnell gemacht und es wird nicht viel Material benötigt. So bleibt es bestimmt nicht bei einem Modell.

Für dieses Buch haben wir zum Beispiel Beanie, Umschlagmütze, Béret, Fischermütze und sogar eine trendige Balaclava sowohl für Anfänger:innen als auch fortgeschrittene Stricker:innen ent-wickelt. Alles aus den verschiedensten Garnqualitäten in diversen Techniken wie Zöpfe, Strukturmuster, Lace, Patent, Noppen und mehr. Ganz nach Wunsch können die Mützen auch noch mit Bommeln, Stickerei oder Etiketten verziert werden.

Wir wünschen viel Spaß beim Stricken

Ganz romantisch

mit Herzbordüre

GRÖSSEN

Höhe 25 cm
Kopfumfang 51-54/55-58 cm

Die Angaben für Größe 51-54 cm stehen vor dem Schrägstrich, für Größe 55-58 cm danach. Steht nur eine Angabe, gilt diese für beide Größen.

MATERIAL

- BC Garn Semilla Melange (LL 175 m/50 g) in Kirschrot (Fb 25) und Rosé (Fb 26), je 50 g
- Nadelspiele 3,5 mm und 4,0 mm
- Maschenmarkierer
- Wollnadel

MASCHENPROBE

Glatt rechts mit Nd 4,0 mm
25 M und 30 R = 10 cm x 10 cm

ZÄHLMUSTER

Seite 46

Bündchenmuster

In Rd 1 M rechts verschränkt, 1 M links im Wechsel str.

Glatt rechts

In Rd alle M rechts str.

Herz-Muster

M-Zahl teilbar durch 10.
Nach dem Zählmuster den Rapport von 10 M fortlaufend wdh, die 1.-10. Rd 1x str. Dabei die Fäden auf der Rückseite verkreuzen und nach jeder 3. M einweben, damit keine langen Spannfäden und Löcher entstehen.

Anleitung

116/128 M in Kirschrot auf dem Nd-Spiel 3,5 mm anschl (29/32 M pro Nd), zur Rd schließen und den Rd-Beginn mit dem M-Markierer kennzeichnen.
Dann 19 Rd im Bündchenmuster str.
Es folgt eine Übergangs-Rd mit Zunahmen:
20. Rd: * 1 M rechts verschränkt, 1 M links str, ab * fortlaufend wdh, dabei gleichmäßig verteilt 14/12 M zunehmen, d. h. nach jeder 8./10. M 1 M linksgeneigt aus dem Querfaden zunehmen und rechts str. Nach der letzten Zunahme 4/8 M rechts str (= 130/140 M).
Zu Nd-Spiel 4,0 mm und Rosé wechseln.
Danach 7 Rd glatt rechts str.
Nun das Herzmuster nach dem Zählmuster einstr. Den Faden in Kirschrot abschneiden.
In Rosé noch 25 Rd glatt rechts str.

Nun die Abnahmen für die Mützenspitze arb:
1. Rd: * 1 M rechts, 2 M rechts zusammenstr, ab * fortlaufend wdh bis 1/2 M vor Rd-Ende, 1/2 M rechts str (= 87/94 M).
2.-6. Rd: Glatt rechts str.
7. Rd: * 2 M rechts zusammenstr, ab * fortlaufend wdh bis 1/0 M vor Rd-Ende, 1/0 M rechts str (= 44/47 M).
8. Rd: Alle M rechts stricken.
9. Rd: * 2 M rechts zusammenstr, ab * fortlaufend wdh bis 0/1 M vor Rd-Ende, 0/1 M rechts str (= 22/23 M).
10. Rd: * 2 M rechts zusammenstr, ab * fortlaufend wdh bis 0/1 M vor Rd-Ende, 0/1 M rechts str (= 11/12 M).
Den Faden lang abschneiden, mit der Wollnd durch die verbleibenden M fädeln, festziehen und auf die Innenseite der Mütze ziehen.

Fertigstellen

Alle Fäden vernähen. Mütze anfeuchten, in Form bringen und trocknen lassen.

Mein Tipp für Sie

Andere Größen Die Höhe der Mütze kann angepasst werden, dafür glatt rechts mehr oder weniger Runden in Rosé stricken oder eine zweite Muster-Reihe arbeiten.

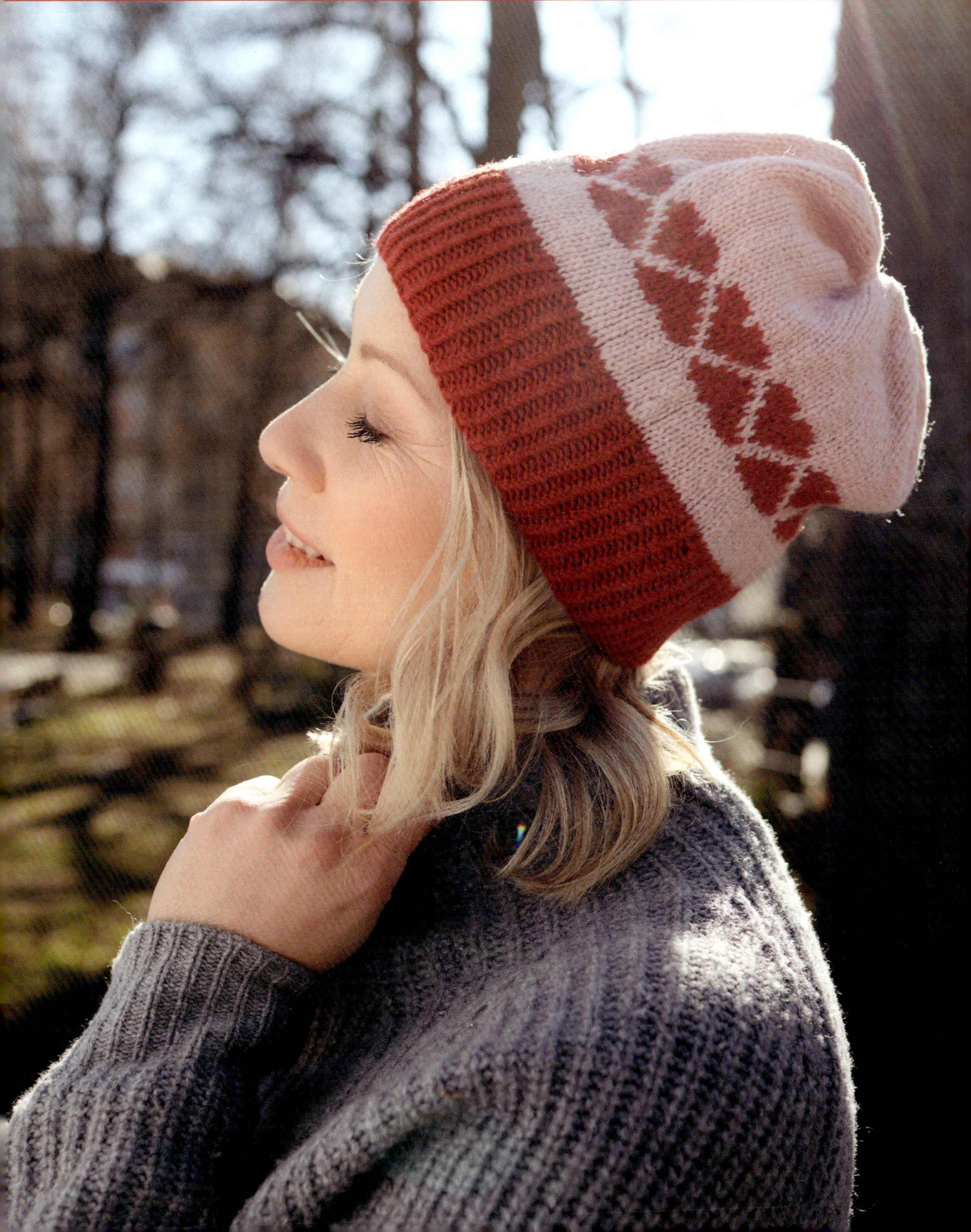

Das falsche Patentmuster wirkt aufwendig, besteht aber nur aus rechten und linken Maschen.

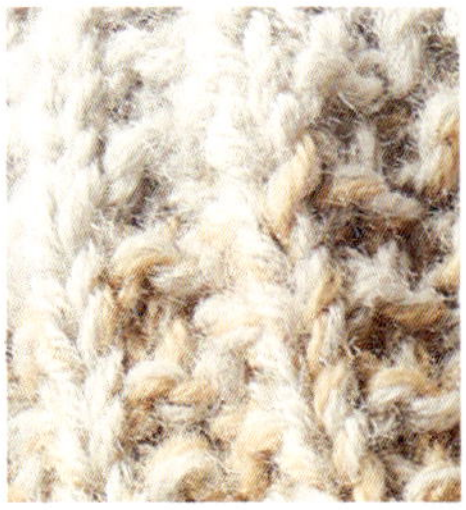

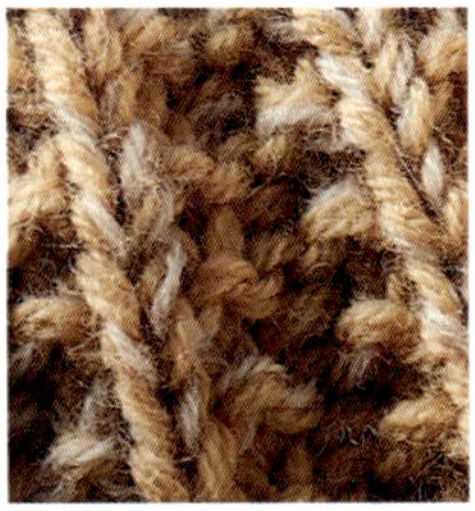

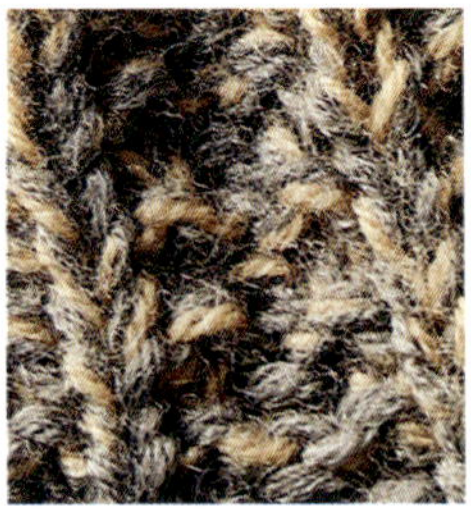

Farbenspiel

falsches Patent in Ombré

GRÖSSE

Höhe 22 cm/26 cm

Kopfumfang 51-54/55-58 cm

Die Angaben für Größe 51-54 cm stehen vor dem Schrägstrich, für Größe 55-58 cm danach. Steht nur eine Angabe, gilt diese für beide Größen.

MATERIAL

- Lana Grossa Cool Wool Lace (LL 400 m/50 g) in Anthrazit (Fb 25), Camel (Fb 31) und Hellgrau (Fb 27), je 50 g
- Rundstricknadel 4,5 mm, 40 cm lang
- ggf. Nadelspiel, 4,5 mm
- Maschenmarkierer
- Wollnadel

MASCHENPROBE

Im falschen Patentmuster mit Nd 4,5 mm und dreifachem Faden 21 M und 33 R = 10 cm x 10 cm

Bündchenmuster

In Rd 1 M rechts, 1 M links im Wechsel str.

Falsches Patentmuster

M-Zahl teilbar durch 4.

1. Rd: * 1 M rechts, 3 M links, ab * fortlaufend wdh.

2. Rd: 2 M rechts, * 1 M links, 3 M rechts, ab * fortlaufend wdh, mit 1 M links, 1 M rechts enden.

Die 1. und 2. Rd. fortlaufend wdh.

Hinweis: Die Mütze wird 3-fädig gearbeitet. Dafür jedes Knäuel in 3 kleinere Knäuel wickeln.

Farbfolge

Je einen Faden in den angegebenen Fb benutzen.

8/10 Rd Anthrazit, Anthrazit, Camel
8/10 Rd Anthrazit, Camel, Camel
8/10 Rd Camel, Camel, Camel
8/10 Rd Camel, Camel, Hellgrau
8/10 Rd Camel, Hellgrau, Hellgrau

Anleitung

88/96 M mit 3 Fäden in Anthrazit im Kreuzanschlag auf der Rundstricknd anschl, zur Rd schließen und den Rd-Beginn mit dem M-Markierer kennzeichnen.

14/18 Rd im Bündchenmuster arb.

Dann im falschen Patentmuster nach der Fb-Folge 40/50 Rd arb.

... weiter geht es auf Seite 6

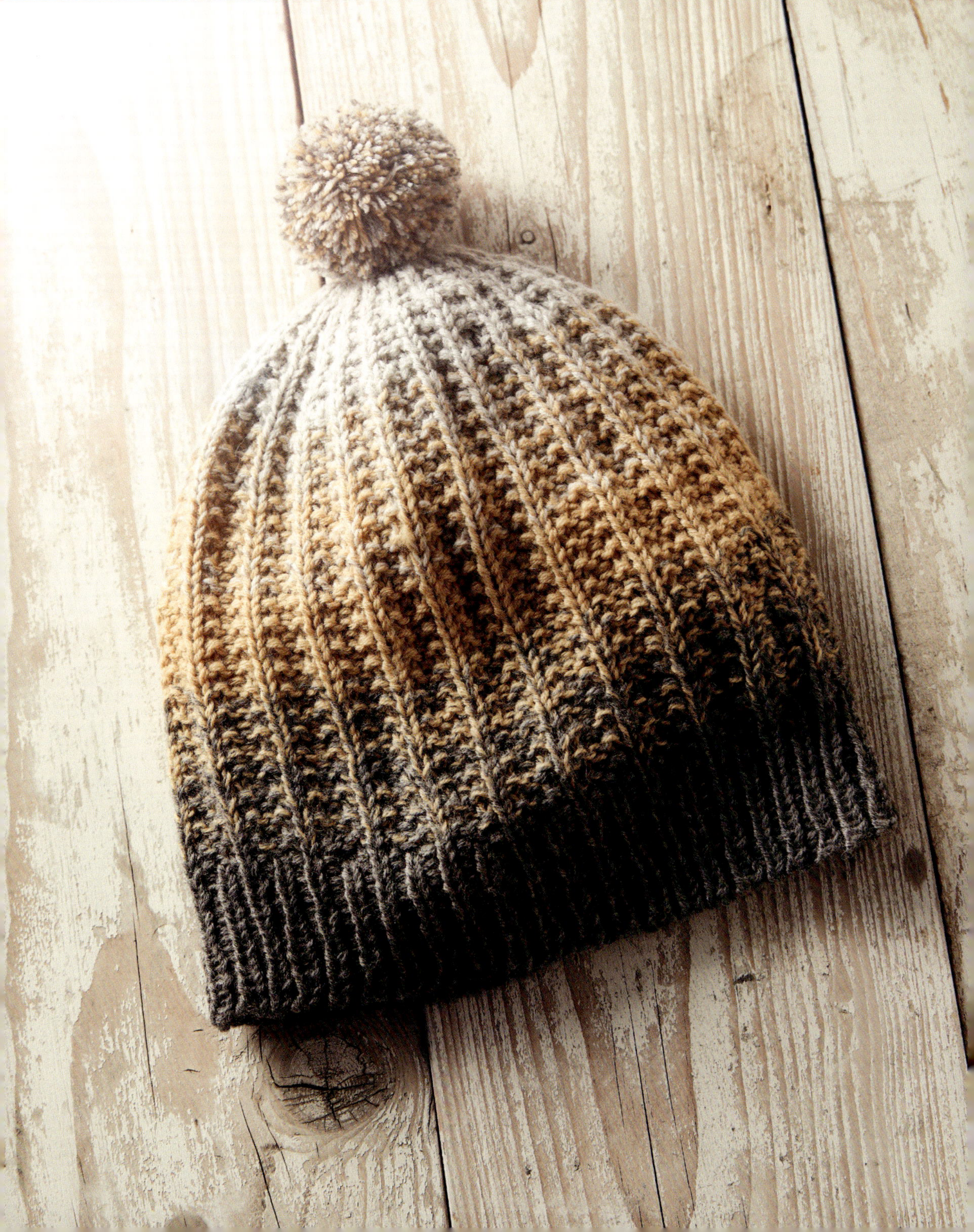

Die Mützenspitze mit 3 Fäden in Hellgrau arb. Ggf. zum Nd-Spiel wechseln:
1. Rd: * 1 M rechts, 2 M links, 3 M mit aufliegender Mittel-M zusammenstr, 2 M links, ab * noch 10/11x wdh (= 66/72 M).
2. Rd: Alle M rechts str.
3. Rd: * 1 M rechts, 2 M links, ab * fortlaufend wdh.
4.+5. Rd: Wie die 2.+3. Rd arb.
6. Rd: * 2 M rechts überzogen zusammenstr, 1 M rechts, ab * fortlaufend wdh (= 44/48 M).
7. Rd: *1 M rechts,1 M links, ab * fortlaufend wdh.
8. Rd: Alle M rechts str.
9.+10. Rd: Wie die 7.+8. Rd arb.
11. Rd: * 2 M rechts überzogen zusammenstr, ab * fortlaufend wdh (= 22/24 M).
12. Rd: Alle M rechts str.
13. Rd: * 2 M rechts überzogen zusammenstr, ab * fortlaufend wdh (= 11/12 M).
Die Fäden lang abschneiden, mit der Wollnd durch die verbleibenden M fädeln, festziehen und auf die Innenseite der Mütze ziehen.

Fertigstellen

Alle Fäden vernähen. Mütze anfeuchten, in Form bringen und trocknen lassen.
Mit einem Pompon-Maker und zweifachem Faden aus Camel und Hellgrau einen Pompon herstellen. Zum Zusammenbinden einen stabilen Faden (z. B. Baumwolle) benutzen.

Mein Tipp für Sie

Leichtes Vernähen Um sich das spätere Vernähen zu erleichtern, die abgeschnittenen Fäden über einige Maschen mit einstricken.

Mein Tipp für Sie

Abnehmbarer Pompon Beim Beenden des Pompons die Fadenenden nach dem Zusammenknoten etwa 20 cm lang lassen. Mit einer Häkelnadel die Enden durch die Mützenspitze ziehen und den Pompon mit einer Schleife befestigen. So kann der Pompon ausgetauscht oder die Mütze „oben ohne“ getragen werden.

Schlicht und effektvoll

mit kleinen Raffungen

GRÖSSEN
Höhe 22 cm
Kopfumfang 51-54/55-58 cm

Die Angaben für Größe 51-54 cm stehen vor dem Schrägstrich, für Größe 55-58 cm danach. Steht nur eine Angabe, gilt diese für beide Größen.

MATERIAL

- BC Garn Loch Lomond Bio (LL 150 m/50 g) in Fresh Green (Fb 24), 50 g
- Nadelspiel 4,0 mm
- Hilfsnadel
- Maschenmarkierer
- Wollnadel

MASCHENPROBE
Glatt rechts
mit Nd 4,0 mm
22 M und 28 R
= 10 cm x 10 cm

Bündchenmuster

In Rd 1 M rechts, 1 M links im Wechsel str.

Kreuzmuster

M-Zahl teilbar durch 18.
Nach der Strickschrift den Rapport von 18 M fortlaufend wdh, die 1.-16. Rd 2x arb.

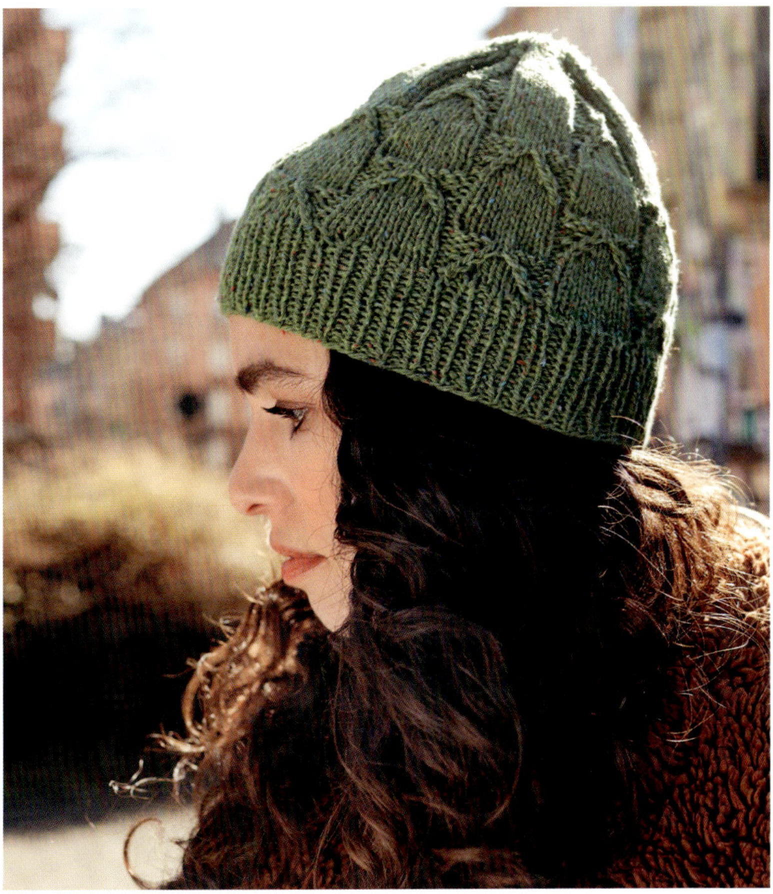

... weiter geht es auf Seite 8

Anleitung

96/112 M auf dem Nd-Spiel anschl (24/28 M pro Nd), zur Rd schließen und den Rd-Beginn mit dem M-Markierer kennzeichnen.

Dann 14 Rd im Bündchenmuster str.

Nun folgt eine Übergangs-Rd mit Zunahmen:

15. Rd: * 1 M rechts, 1 M links str, ab* fortlaufend wdh, dabei gleichmäßig verteilt 12/14 M zunehmen, d. h. nach jeder 8. M 1 M aus dem Querfaden linksgeneigt zunehmen und rechts str/4 M rechts str, * 1 M aus dem Querfaden linksgeneigt zunehmen und rechts str, 8 M rechts str, ab* noch 12x wdh, 1 M aus dem Querfaden linksgeneigt zunehmen und rechts str, 4 M rechts (= 108/126 M).

32 Rd im Kreuzmuster str.

Nun die Abnahmen für die Mützenspitze arb:

1. Rd: * 4 M links, 2 M rechts zusammenstr, 4 M links, 8 M rechts, ab* fortlaufend wdh (=102/119).

2.-10. Rd: * 4 M links, 1 M rechts verschränkt, 4 M links, 8 M rechts, ab* fortlaufend wdh.

11. Rd: * 1 M links, 2 M links zusammenstr, 1 M links, 1 M rechts verschränkt, 1 M links, 2 M links zusammenstr, 1 M links, 3 M rechts, 2 M rechts zusammenstr, 3 M rechts, ab* fortlaufend wdh (= 84/98).

12. Rd: * 3 M links, 1 M rechts verschränkt, 3 M links, 7 M rechts, ab* fortlaufend wdh.

13. Rd: * 2 M links zusammenstr, 1 M links, 1 M rechts verschränkt, 1 M links, 2 M links zusammenstr, 1 M rechts, 2 M rechts zusammenstr, 1 M rechts, 2 M rechts zusammenstr, 1 M rechts, ab* fortlaufend wdh (= 60/70 M).

14. Rd: * 2 M links, 1 M rechts verschränkt, 2 M links, 5 M rechts, ab* fortlaufend wdh.

15. Rd: * 2 M links, 1 M rechts verschränkt, 2 M links, 2 M rechts zusammenstr, 1 M rechts, 2 M rechts zusammenstr, ab* fortlaufend wdh (= 48/56 M).

16. Rd: * 2 M links, 1 M rechts verschränkt, 2 M links, 3 M rechts, ab* fortlaufend wdh.

17. Rd: * 2 M links zusammenstr, 1 M rechts verschränkt, 2 M links zusammenstr, 3 M rechts, ab* fortlaufend wdh (= 36/42 M).

18. Rd: * 1 M links, 1 M rechts verschränkt, 1 M links, 1 M wie zum Linksstr abheben (Faden hinten), 2 M rechts zusammenstr, abgehobene M darüberheben, ab* fortlaufend wdh (= 24/28 M).

19. Rd: 1 M links, * 1 M rechts verschränkt, 1 M wie zum Linksstr abheben (Faden hinten), 2 M rechts zusammenstr, abgehobene M darüberheben, ab* fortlaufend wdh, dabei die 1. M nach dem M-Markierer für das Zusammenstr der 3 letzten M verwenden (= 12/14 M).

Den Faden lang abschneiden, mit der Wollnd durch die verbleibenden M fädeln, festziehen und auf die Innenseite der Mütze ziehen.

Fertigstellen

Alle Fäden vernähen. Mütze anfeuchten, in Form bringen und trocknen lassen.

Kreuzmuster

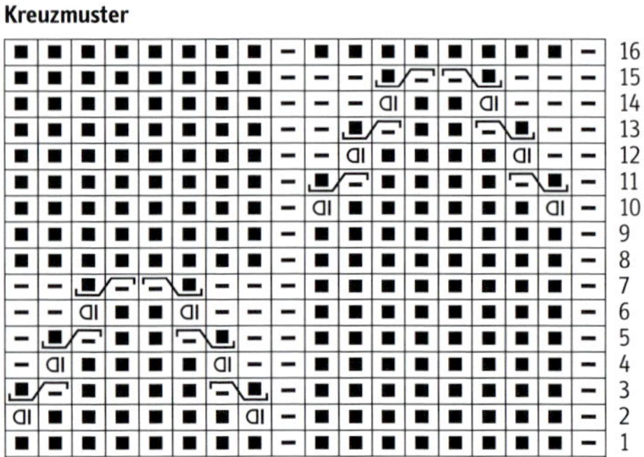

Rapport = 18 Maschen

■ = 1 Masche rechts

– = 1 Masche links

= 1 Masche wie zum Linksstricken abheben mit dem Faden hinter der Masche

= 1 Masche auf einer Hilfsnadel vor die Arbeit legen, 1 Masche links stricken, dann die Masche von der Hilfsnadel rechts stricken

= 1 Masche auf einer Hilfsnadel hinter die Arbeit legen, 1 Masche rechts stricken, dann die Masche von der Hilfsnadel links stricken

Mein Tipp für Sie

Andere Größen Die Höhe der Mütze kann angepasst werden, dafür im Kreuzmuster 8 oder 16 Runden mehr oder weniger stricken.

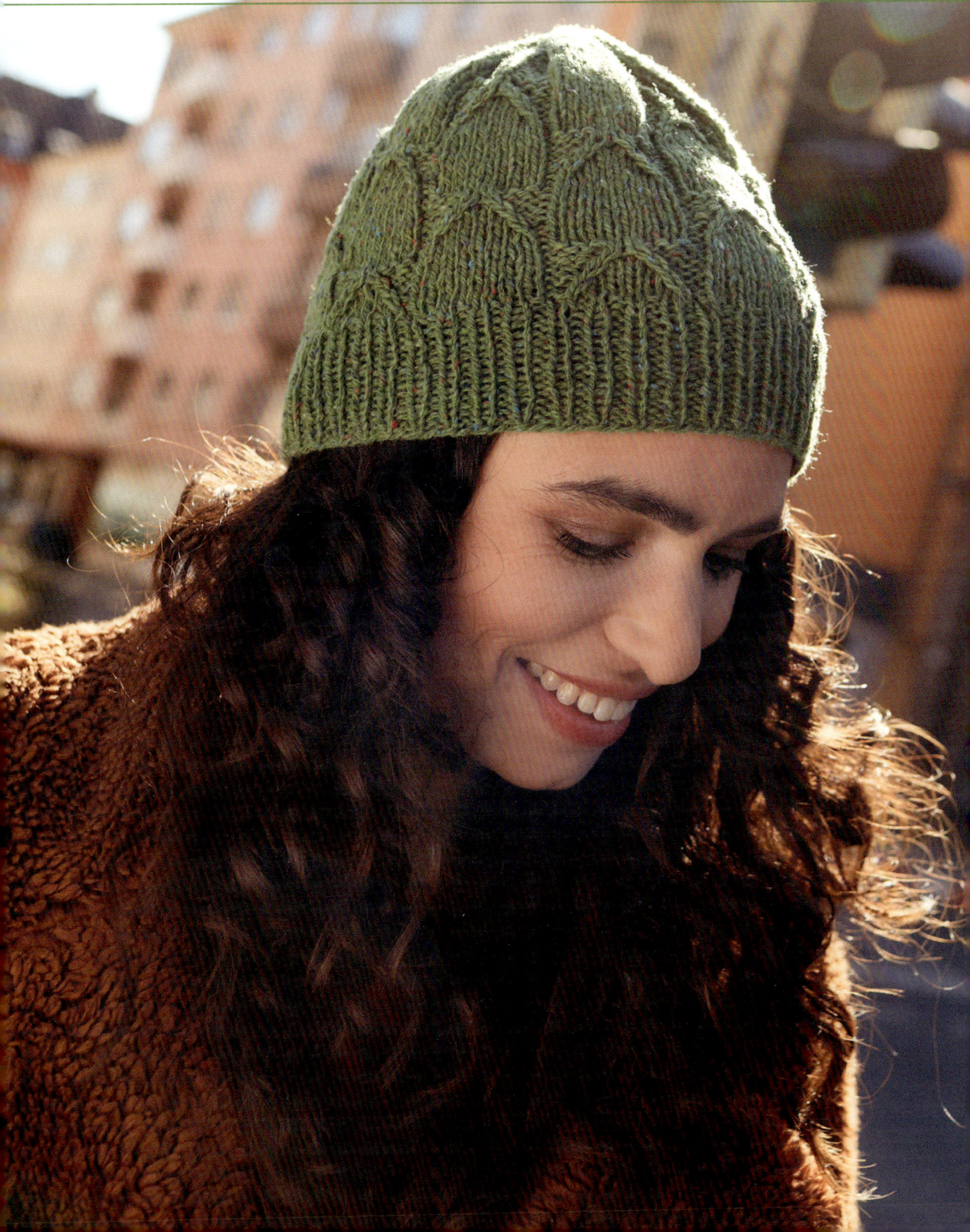

Kontrastreich

mit Noppen und Ajourmuster

GRÖSSE
Höhe 22,5/26,5 cm
Kopfumfang
51-54/55-58 cm

Die Angaben für Größe 51-54 cm stehen vor dem Schrägstrich, für Größe 55-58 cm danach. Steht nur eine Angabe, gilt diese für beide Größen.

MATERIAL

- Woll Butt Primo Ava (LL 225 m/50 g) in Hellgrau meliert (Fb 71), 50 g
- Rundstricknadel 7,0 mm, 40 cm lang
- ggf. Nadelspiel 7,0 mm
- Hilfsnadel
- Maschenmarkierer
- Wollnadel

MASCHENPROBE
Im Lace-Noppenmuster mit Nd 7,0 mm und doppeltem Faden
12 M (= 1 Rapport)
= 8,5 cm breit

STRICKSCHRIFT
Seite 46

Bündchenmuster

In Rd 1 M rechts verschränkt, 1 M links im Wechsel str.

Noppe

5 M abwechselnd aus dem hinteren und vorderen M-Schenkel herausstr, so dass 5 M auf der rechten Nd liegen. Mit der linken Nd wie beim Abk nacheinander die 2. M über die 1. M heben, bis noch 1 M auf der rechten Nd verbleibt.

Lace-Noppenmuster

M-Zahl teilbar durch 12.
Nach der Strickschrift den Rapport von 12 M fortlaufend wdh. Die 1.-4. Rd nach der Anleitung wdh.

Hinweis: Die Mütze wird komplett doppelfädig gestrickt. Da nur 1 Knäuel der angegebenen Qualität benötigt wird, kann gleichzeitig das innere und äußere Fadenende des Knäuels verstrickt werden.

Anleitung

72/84 M im Kreuzanschlag mit doppeltem Faden auf der Rundstricknd anschl, zur Rd schließen und den Rd-Beginn mit dem M-Markierer kennzeichnen.
6 Rd im Bündchenmuster arb.
Die 1.-4. Rd des Lace-Noppenmusters nach der Strickschrift 7x/9x arb.
Dann die 1. und 2. Rd des Lace-Noppenmusters noch 1x wdh.
Nun die Abnahmen für die Mützenspitze arb, ggf. zum Nd-Spiel wechseln:
1. Rd: *2 M rechts zusammenstr, 3 M rechts, 2 M rechts überzogen zusammenstr, 2 M links, 1 Noppe, 2 M links, ab* fortlaufend wdh (= 60/70 M).
2.-4. Rd: *5 M rechts, 5 M links, ab* fortlaufend wdh.
5. Rd: *2 M rechts zusammenstr, 1 M rechts, 2 M rechts überzogen zusammenstr, 2 M links, 1 Noppe, 2 M links, ab* fortlaufend wdh (= 48/ 56 M).
6.+7. Rd: *3 M rechts, 5 M links, ab* fortlaufend wdh.
8. Rd: *3 M rechts, 5 M links, ab* noch 4x wdh, 3 M rechts, 3 M links str und den M-Markierer vom Rd-Beginn hierhin versetzen.
9. Rd: *1 M links, 3 M mit aufliegender Mittel-M zusammenstr, 1 M links, 1 Noppe, ab* fortlaufend wdh (= 36/42 M).
10.-12. Rd: *1 M links, 1 M rechts, 2 M links, ab* fortlaufend wdh.
13. Rd: *3 M mit aufliegender Mittel-M zusammenstr, 1 M links, ab* fortlaufend wdh (= 24/28 M).
14.-16. Rd: *1 M rechts, 1 M links, ab* fortlaufend wdh.
17. Rd: *2 M rechts überzogen zusammenstr, ab* fortlaufend wdh (= 12/14 M).
18. Rd: Alle M rechts str.
Den Faden lang abschneiden, mit der Wollnd durch die verbleibenden M fädeln, festziehen und auf die Innenseite der Mütze ziehen.

Fertigstellen

Alle Fäden vernähen. Mütze anfeuchten, in Form bringen und trocknen lassen.

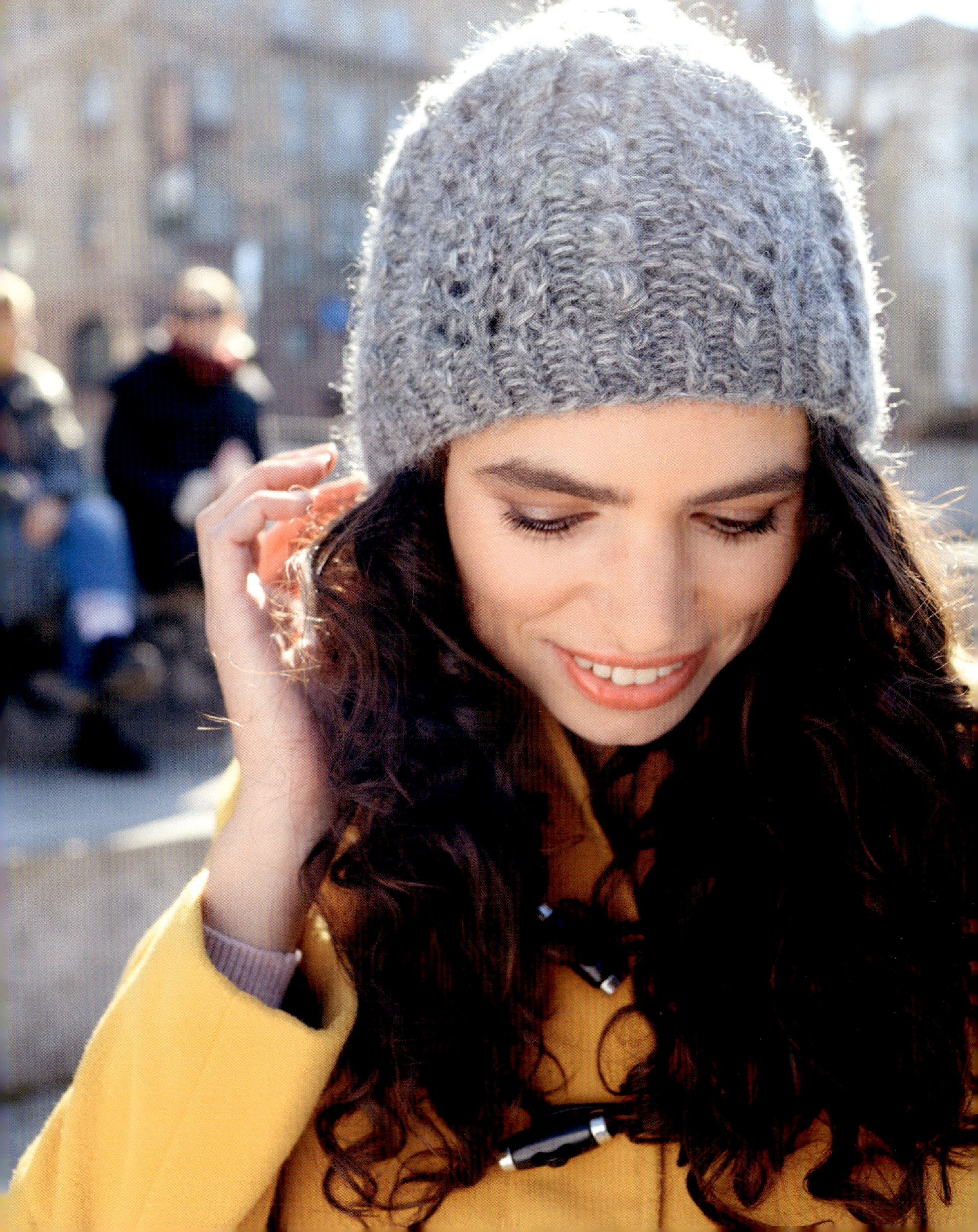

Dekoratives Blattmuster

toller Effekt

GRÖSSEN
Höhe 25 cm
Kopfumfang 51-54/55-58 cm

Die Angaben für Größe 51-54 cm stehen vor dem Schrägstrich, für Größe 55-58 cm danach. Steht nur eine Angabe, gilt diese für beide Größen.

MATERIAL

- BC Garn Babyalpaka (LL 250 m/50 g) in Amber melange (Fb 122), 50 g
- Kremke Soul Wool Silky Kid (LL 210 m/25 g) in Zimt (Fb 170), 25 g
- Nadelspiele 3,5 mm und 4,0 mm
- Hilfsnadel
- Maschenmarkierer
- Wollnadel

MASCHENPROBE
Glatt rechts mit Nd 4,0 mm und doppeltem Faden
21 M und 30 R = 10 cm x 10 cm

STRICKSCHRIFT
Seite 46

Bündchenmuster

In Rd 1 M rechts, 1 M links im Wechsel str.

Blattmuster

Nach der Strickschrift den Rapport von 35 M 1x arb, die 1.-4. Rd 12x arb.

Glatt rechts

In Rd alle M rechts str.

Hinweis: Die Mütze wird mit doppeltem Faden aus Amber melange und Zimt gestrickt.

Anleitung

96/108 M mit doppeltem Faden auf das Nd-Spiel 3,5 mm anschl (24/27 M pro Nd), die M zur Rd schließen und den Rd-Beginn mit dem M-Markierer kennzeichnen. Dann 40 Rd im Bündchenmuster str.
Für das Muster zu Nd 4,0 mm wechseln und wie folgt str.
1.-4. Rd: 35 M im Blattmuster str, die restlichen M rechts str.
Die 1.-4. Rd noch 11x wdh.

Nun die Abnahmen für die Mützenspitze arb:
1. Rd: * 1 M rechts, 2 M rechts zusammenstr, ab * fortlaufend wdh (= 64/72 M).
2.-6. Rd: Glatt rechts str.
7. Rd: * 1 M rechts, 2 M rechts zusammenstr, ab * fortlaufend wdh, bis 1/0 M vor Rd-Ende, 1/0 M rechts (= 44/48 M).
8. Rd: * 2 M rechts zusammenstr, ab * fortlaufend wdh (= 22/24 M).
9. Rd: * 2 M rechts zusammenstr, ab * fortlaufend wdh (= 11/12 M).
Den Faden lang abschneiden, mit der Wollnd durch die verbleibenden M fädeln, festziehen und auf die Innenseite der Mütze ziehen.

Fertigstellen

Alle Fäden vernähen. Mütze anfeuchten, in Form bringen und trocknen lassen.

Mein Tipp für Sie

Andere Größen Die Höhe der Mütze kann angepasst werden, dafür 4 oder 8 Runden im Blattmuster mehr oder weniger stricken. Ebenso kann die Weite der Mütze durch mehr oder weniger Maschen angepasst werden.

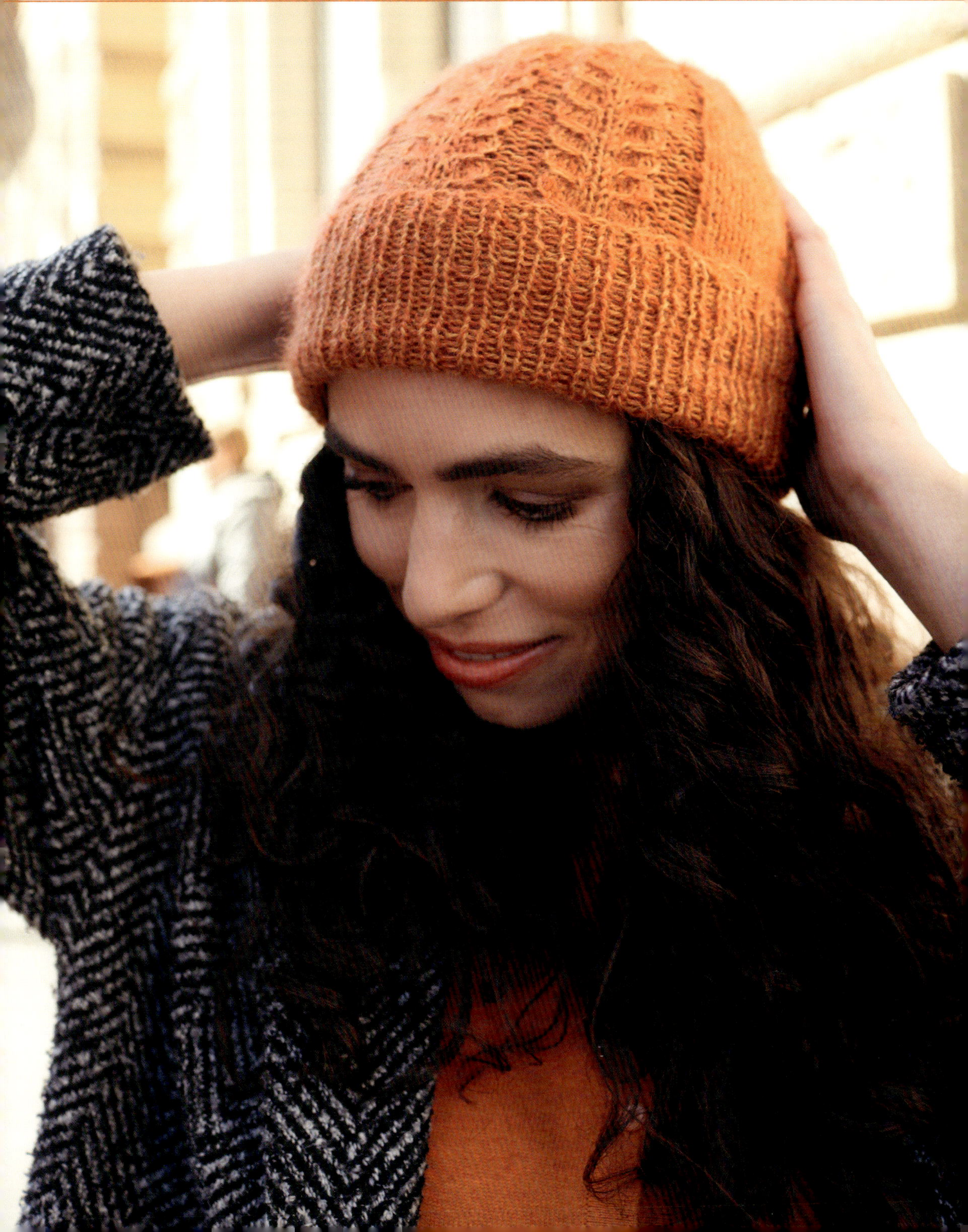

Spannendes Diamantmuster

für Sie und Ihn

GRÖSSE

Höhe 21/23,5 cm
Kopfumfang 51-54/55-58 cm

Die Angaben für Größe 51-54 cm stehen vor dem Schrägstrich, für Größe 55-58 cm danach. Steht nur eine Angabe, gilt diese für beide Größen.

MATERIAL

- Lana Grossa Alta Moda Cashmere 16 (LL 110 m/50 g) in Blütenweiß (Fb 41), 100 g
- Rundstricknadel 6,0-7,0 mm, 40 cm lang
- ggf. Nadelspiel, 6,0-7,0 mm
- Maschenmarkierer
- Wollnadel

MASCHENPROBE

Im Diamantmuster mit Nd 6,0-7,0 mm
18 M und 32 R
= 10 cm x 10 cm

Bündchenmuster

1.-5. Rd: * 2 M links, 1 M rechts, 1 M links, ab * fortlaufend wdh.
6.+7. Rd: * 1 M rechts, 3 M links, ab * fortlaufend wdh.

Diamantmuster

M-Zahl teilbar durch 4.
1.+2. Rd: * 2 M rechts, 1 M links, 1 M rechts, ab * fortlaufend wdh.
3.+4. Rd: * 1 M rechts, 1 M links, ab * fortlaufend wdh.
5.+6. Rd: * 1 M links, 3 M rechts, ab * fortlaufend wdh.
7.+8. Rd: * 1 M rechts, 1 M links, ab * fortlaufend wdh.

Anleitung

88/96 M im Kreuzanschlag auf der Rundstricknd anschl, zur Rd schließen und den Rd-Beginn mit dem M-Markierer kennzeichnen.
7 Rd im Bündchenmuster str.
Die 1.-8. Rd des Diamantmusters 5x/6x arb.

Nun die Abnahmen für die Mützenspitze arb, ggf. zum Nd-Spiel wechseln:
1.+2. Rd: * 2 M rechts 1 M links, 1 M rechts, ab * fortlaufend wdh.
3. Rd: * 1 M rechts, 3 M links, ab * fortlaufend wdh.
4. Rd: * 1 M rechts, 2 M links zusammenstr, 1 M links, ab * fortlaufend wdh (= 66/72 M).
5.-7. Rd: 1 M rechts, 2 M links, ab * fortlaufend wdh.
8. Rd: * 1 M rechts, 2 M links zusammenstr (= 44/48 M).
9.-11. Rd: *1 M rechts, 1 M links, ab * fortlaufend wdh.
12. Rd: * 2 M rechts überzogen zusammenstr, ab * fortlaufend wdh (= 22/24 M).
13.-15. Rd: Alle M rechts str.
16. Rd: * 2 M rechts überzogen zusammenstr, ab * fortlaufend wdh (= 11/12 M).
17. Rd: Alle M rechts str.
Den Faden lang abschneiden, mit der Wollnd durch die verbleibenden M fädeln, festziehen und auf die Innenseite der Mütze ziehen.

Fertigstellen

Alle Fäden vernähen. Mütze anfeuchten, in Form bringen und trocknen lassen.

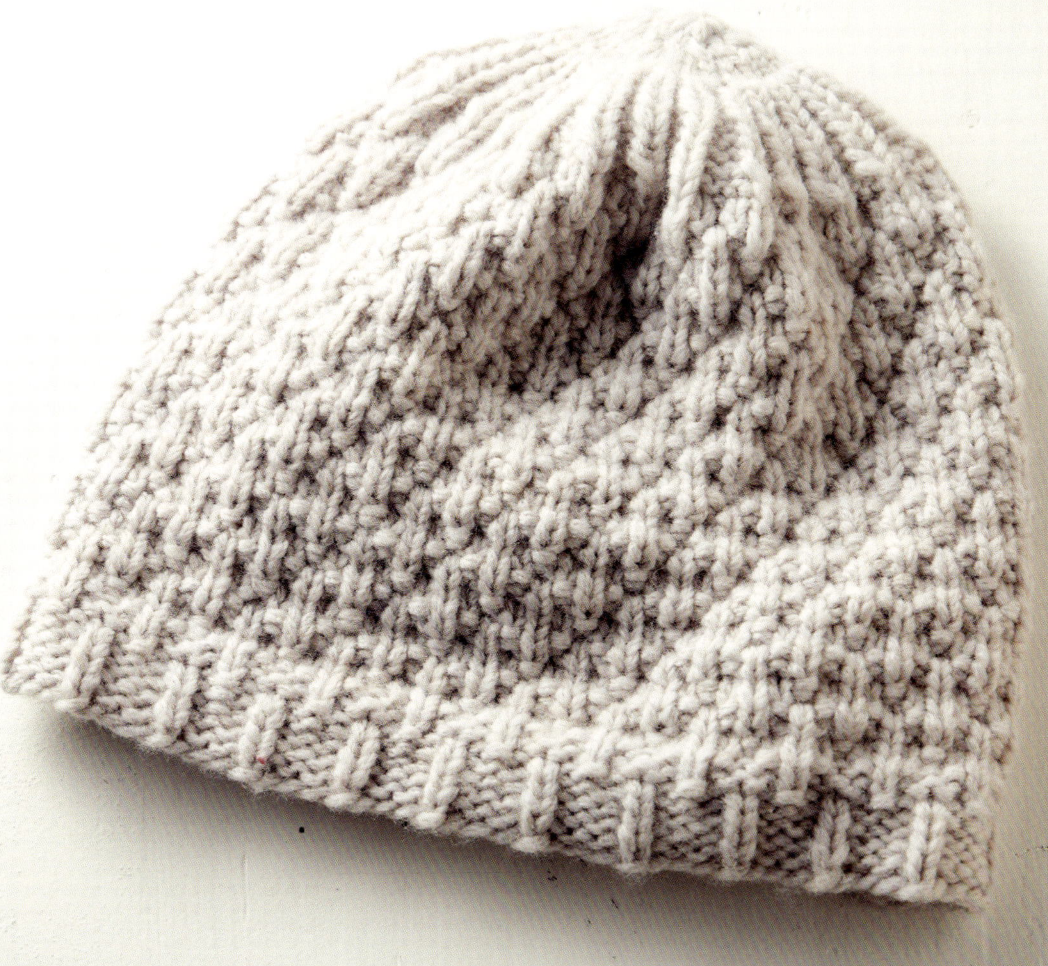

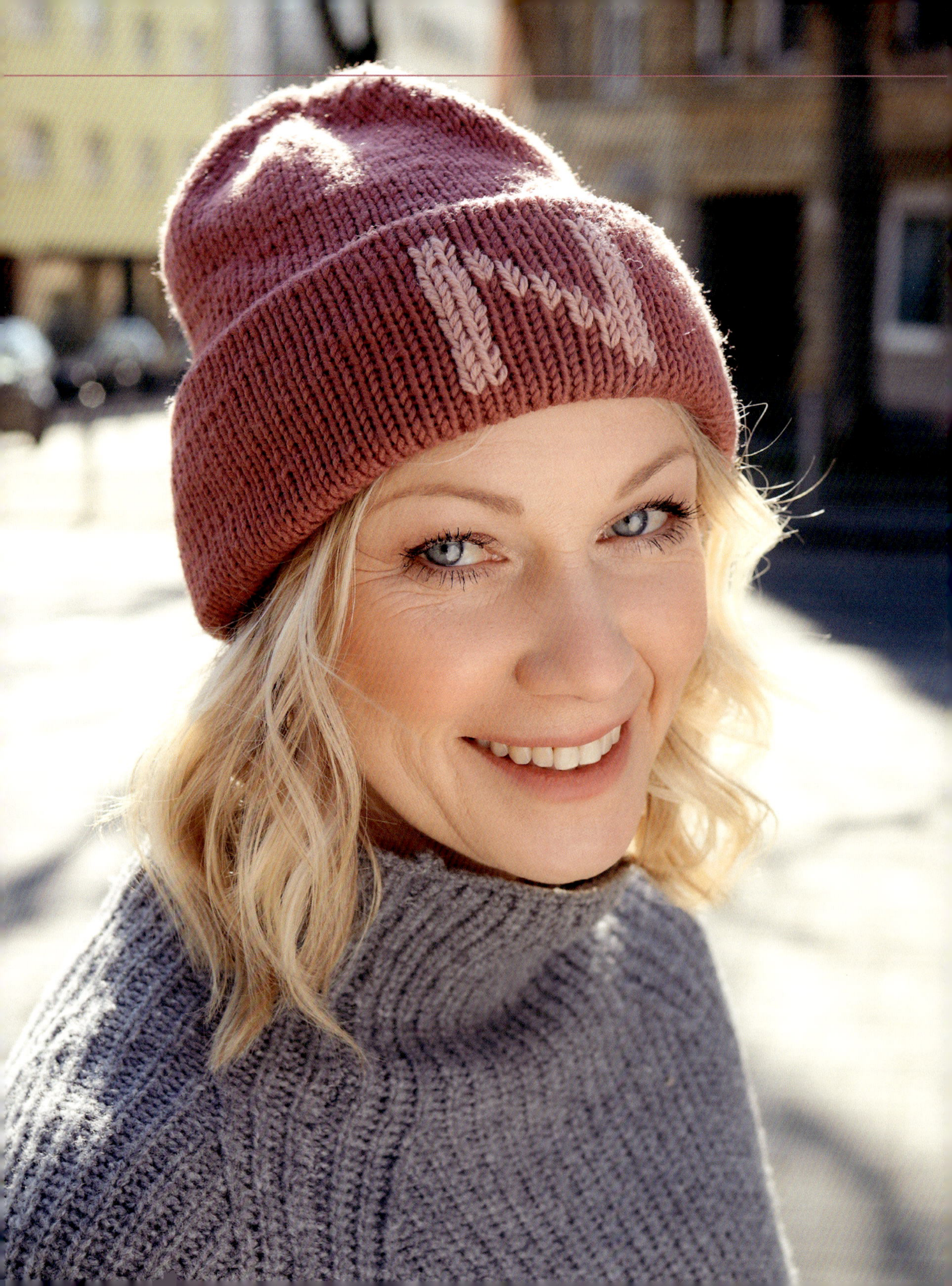

Beliebter Klassiker

mit Großbuchstaben

GRÖSSE

Höhe 21/24 cm
Kopfumfang 51-54/55-58 cm

Die Angaben für Größe 51-54 cm stehen vor dem Schrägstrich, für Größe 55-58 cm danach. Steht nur eine Angabe, gilt diese für beide Größen.

MATERIAL

- Lang Yarns Merino+ (LL 90 m/50 g) in Cognac (Fb 76), 150 g, in Rosa Puder (Fb 209), Rest
- Kontrastgarn, Rest
- 2 Rundstricknadeln 4,5 mm, 40 cm lang
- ggf. Nadelspiel, 4,5 mm
- Häkelnadel 4,0-5,0 mm
- Hilfsnadel
- 4 Maschenmarkierer
- Wollnadel

MASCHENPROBE

Glatt rechts mit Nd 4,5 mm
19 M und 27 R = 10 cm x 10 cm

ZÄHLMUSTER

Seite 44-46

Glatt rechts

In Rd alle M rechts str.

Provisorischer Maschenanschlag

Mit Kontrastgarn eine lockere Lm-Kette häkeln (10 Lm mehr, als später benötigt werden) und das Ende locker verknoten. Mit Originalgarn die gewünschte M-Zahl aus den querliegenden M-Gliedern auf der Rückseite der Lm-Kette herausstr. Nach Anleitung arb und an gewünschter Stelle den Knoten lösen, die Lm-Kette vorsichtig aufziehen und M für M auf die Rundstricknd heben.

Anleitung

Für das Umschlagbündchen mit dem provisorischen M-Anschlag in Cognac 84/92 M anschl, zur Rd schließen, den Rd-Beginn mit dem 1. M-Markierer kennzeichnen.
15 cm glatt rechts str.
Den Kontrastfaden vorsichtig lösen und die freigelegten M auf die 2. Rundstricknd heben. Das Bündchen links auf links legen, die Anfangs-M liegen innen. Nun beide Rd miteinander verbinden: Dafür * mit der rechten Nd ins vordere M-Glied der vorderen und hinteren Nd einstechen und beide M zusammen abstr, ab * fortlaufend wdh.
Für die untere Umschlagkante noch ca. 1,5 cm glatt rechts str.
Nun die Arbeitsrichtung ändern: Hierfür bei Rd-Beginn die Arb wenden (Faden vorne), in die nächste M wie zum Linksstr einstechen, den Faden über die Nd nach hinten ziehen, eine Doppel-M ist entstanden, diese nach der folgenden Rd wie eine einzelne M abstr.
Weiter 16/18,5 cm ab Umschlagkante glatt rechts str.
In der nächsten Rd die M-Markierer setzen: * 21/23 M rechts str, M-Markierer setzen, ab * noch 2x wdh, bis zum Ende rechts str.
Nun die Abnahmen für die Mützenspitze arb.
1. Rd: Alle M rechts str.
2. Rd: * 1 M rechts, 2 M rechts zusammenstr, bis 3 M vor M-Markierer rechts str, 2 M rechts überzogen zusammenstr, 1 M rechts, ab * noch 3x wdh.
Die 1. und 2. Rd noch 9x/10x wdh (= 12 M).
Faden lang abschneiden, mit der Wollnd durch die verbleibenden M fädeln, festziehen und auf die Innenseite der Mütze ziehen.

Fertigstellen

Alle Fäden vernähen. Mütze anfeuchten, in Form bringen und trocknen lassen. Den inneren Umschlag in 2 cm Höhe, gemessen ab unterer Umschlagkante, mit einem elastischen Rückstich an der Mütze festnähen. Mit der Wollnd und Garn in Rosa ein oder zwei Buchstaben mittig auf dem vorderen Umschlag im Maschenstich aufsticken. Darauf achten, dass die Mitte des Motivs mit der Mitte der Mütze übereinstimmt.

Zartes Flieder

mit Hebemaschen und Streifen

GRÖSSEN

Höhe 26,5 cm
Kopfumfang
51-54/55-58 cm

Die Angaben für Größe 51-54 cm stehen vor dem Schrägstrich, für Größe 55-58 cm danach. Steht nur eine Angabe, gilt diese für beide Größen.

MATERIAL

- Lana Grossa Cool Wool (LL 160 m/50 g) in Graubraun (Fb 558) und Fliederrosa (Fb 580), je 50 g
- Nadelspiele 3,0 mm und 3,5 mm
- Maschenmarkierer
- Wollnadel

MASCHENPROBE

Glatt rechts
mit Nd 3,5 mm
24 M und 34 R
= 10 cm x 10 cm

STRICKSCHRIFT

Seite 46

Bündchenmuster

In Rd 1 M rechts, 1 M links im Wechsel str.

Glatt rechts

In Rd alle M rechts str.

Hebemaschenmuster

M-Zahl teilbar durch 4.
Nach der Strickschrift den Rapport von 4 M fortlaufend wdh, die 1.-11. Rd nach der Anleitung arb.

Farbfolge

2 Rd Fliederrosa, 2 Rd Graubraun im Wechsel str.

Hinweis: Beim Farbwechsel die Fäden auf der Rückseite der Mütze verkreuzen, damit keine Löcher entstehen.

Anleitung

108/120 M anschl in Graubraun auf Nd-Spiel 3,0 mm anschl (27/30 M pro Nd), die M zur Rd schließen und den Rd-Beginn mit dem M-Markierer kennzeichnen.
Dann 15 Rd im Bündchenmuster str.
Für das Muster zu Nd 3,5 mm wechseln.
1.-7. Rd: Glatt rechts nach der Fb-Folge arb (7. Rd = Graubraun).
8.-18. Rd: Die 1.-11. Rd des Hebemaschenmusters in der Fb-Folge str, dabei mit Fliederrosa beginnen.
Die 1.-18. Rd noch 1x wdh, dann die 1.-6 Rd noch 1x wdh.
Weiter in Graubraun 11 Rd glatt rechts str.
Nun die Abnahmen für die Mützenspitze arb:
1. Rd: * 16/18 M rechts, 2 M rechts zusammenstr, ab * fortlaufend wdh (= 102/114 M).
2. Rd: Alle M rechts str.
3. Rd: * 15/17 M rechts, 2 M rechts zusammenstr, ab * fortlaufend wdh (= 96/108 M).
4. Rd: Alle M rechts str.
5. Rd: * 14/16 M rechts, 2 M rechts zusammenstr, ab * fortlaufend wdh (= 90/102 M).
6. Rd: Alle M rechts str.
Nach diesem Schema Abnahmen in jeder 2. Rd vornehmen (d. h. zu Beginn der Rd jeweils 1 M weniger str, in den Zwischen-Rd alle M rechts str), bis noch 12 M auf der Nd sind.
Den Faden lang abschneiden, mit der Wollnd durch die verbleibenden M fädeln, festziehen und auf die Innenseite der Mütze ziehen.

Fertigstellen

Alle Fäden vernähen. Mütze anfeuchten, in Form bringen und trocknen lassen.

Mein Tipp für Sie

Andere Größe Zum Anpassen der Größe nach dem Muster einfach mehr oder weniger Runden glatt rechts stricken.

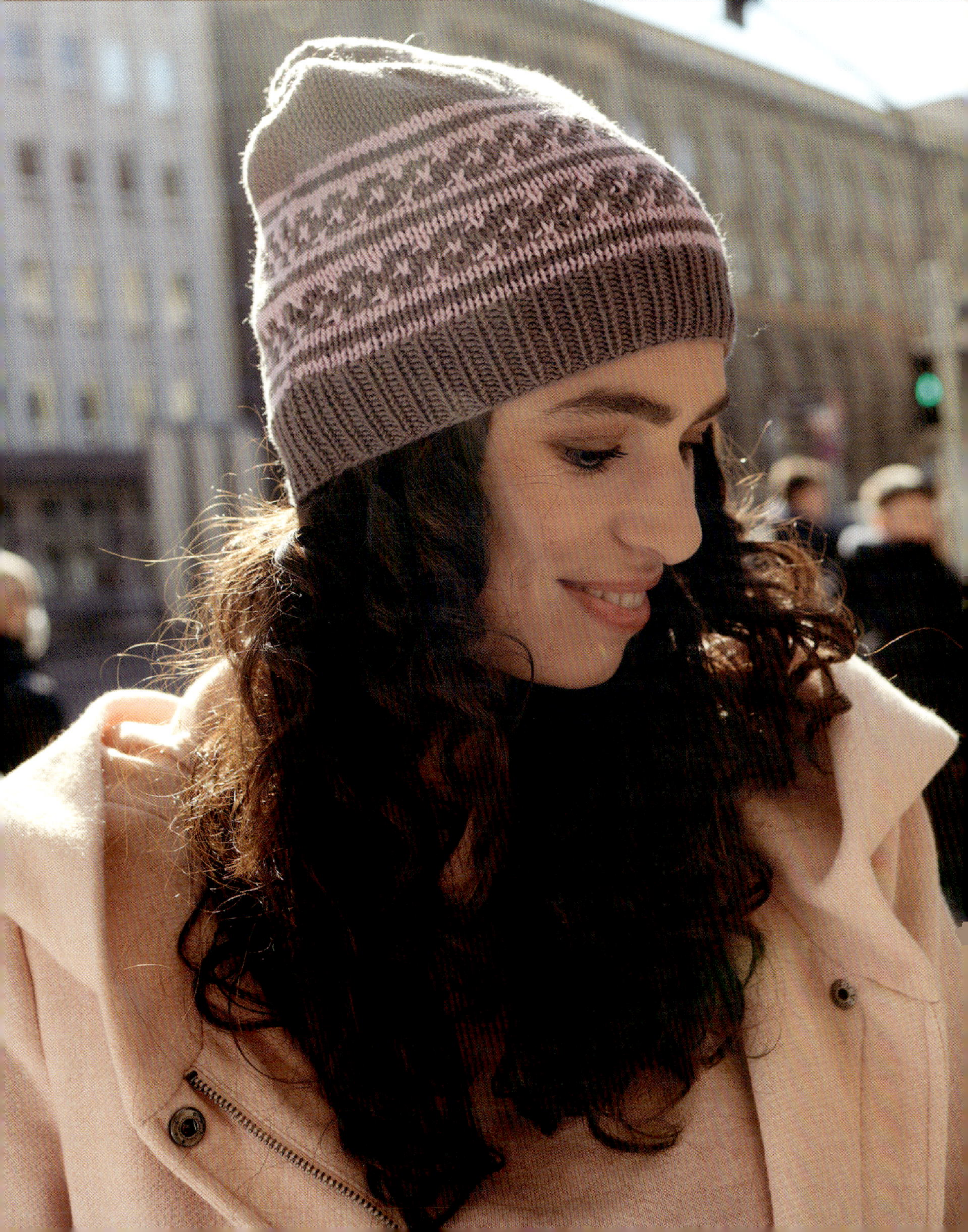

Schlichtes Basic

mit auffälligen Abnahmen

GRÖSSE

Höhe 25 cm/28 cm
Kopfumfang 51-54/55-58 cm

Die Angaben für Größe 51-54 cm stehen vor dem Schrägstrich, für Größe 55-58 cm danach. Steht nur eine Angabe, gilt diese für beide Größen.

MATERIAL

- Lang Yarns Alpaca Soxx 4 Ply (LL 390 m/100 g) in Sand mélange (Fb 26), 100 g
- Lang Yarns Kid Color Mohair (LL 230 m/25 g) in Pastell (Fb 05), 50 g
- Rundstricknadel 4,5 mm, 40 cm lang
- ggf. Nadelspiel, 4,5 mm
- 4 Maschenmarkierer
- Wollnadel

MASCHENPROBE

Glatt rechts mit Nd 4,5 mm und doppeltem Faden
20 M und 26 R = 10 cm x 10 cm

Bündchenmuster

In Rd 1 M rechts, 1 M links im Wechsel str.

Glatt rechts

In Rd alle M rechts str.

Hinweis: Die Mütze wird mit doppeltem Faden aus Alpaca Soxx und Kid Color Mohair gestrickt.

Anleitung

84/100 M im Kreuzanschlag mit doppeltem Faden auf der Rundstricknd anschl, zur Rd schließen und den Rd-Beginn mit dem 1. M-Markierer kennzeichnen.
40 Rd im Bündchenmuster arb.
10/13 cm glatt rechts arb.
In der nächsten Rd die M-Markierer setzen: * 21/25 M rechts str, M-Markierer setzen, ab * noch 2x wdh, 21/25 M rechts str.

Nun die Abnahmen für die Mützenspitze arb, ggf. zum Nd-Spiel wechseln:
1. Rd: * Bis 3 M vor dem M-Markierer rechts str, 3 M mit aufliegender Mittel-M zusammenstr, ab * noch 3x wdh (= 76/92 M).
Die M-Markierer entfernen.
2.+3. Rd: Alle M rechts str.
4. Rd: * Rechts str bis zu den 3 M, die genau über der aufliegenden Mittel-M der letzten Abnahme-Rd liegen, 3 M mit aufliegender Mittel-M zusammenstr, ab * noch 3x wdh (= 68/84 M).
Die 2.-4 Rd noch 8x/10x wdh (= 4 M).
Den Faden lang abschneiden, mit der Wollnd durch die verbleibenden M fädeln, festziehen und auf die Innenseite der Mütze ziehen.

Fertigstellen

Alle Fäden vernähen. Mütze anfeuchten, in Form bringen und trocknen lassen.

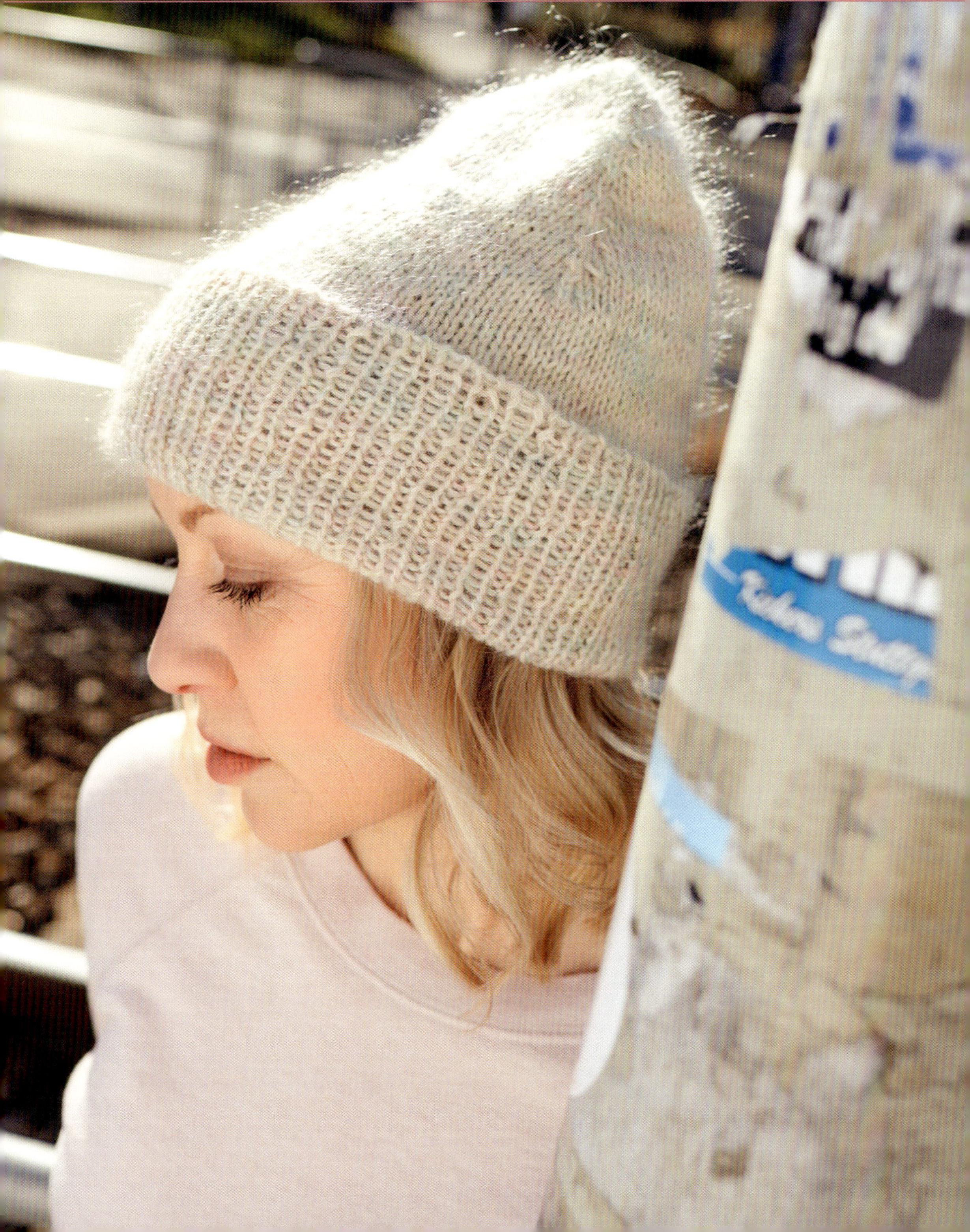

Auffällig strukturiert

breite Rippen mit Umschlag

GRÖSSE

Höhe 34/38 cm (ohne Umschlag)
Kopfumfang 51-54/55-58 cm

Die Angaben für Größe 51-54 cm stehen vor dem Schrägstrich, für Größe 55-58 cm danach. Steht nur eine Angabe, gilt diese für beide Größen.

MATERIAL

- Lana Grossa Alta Moda Cashmere 16 (LL 110 m/ 50 g) in Graugelb (Fb 50), 100 g
- Rundstricknadel 7,0 mm, 40 cm lang
- ggf. Nadelspiel 7,0 mm
- Hilfsnadel
- 5 Maschenmarkierer
- Wollnadel

MASCHENPROBE

Im Rippenmuster mit Nd 7,0 mm 21 M und 26 R = 10 cm x 10 cm

Rippenmuster

In Rd * 1 M links, 2 M rechts, 1 M links, ab * fortlaufend wdh.

Anleitung

88/96 M im Kreuzanschlag auf der Rundstricknd anschl, zur Rd schließen und den Rd-Beginn mit dem 1. M-Markierer kennzeichnen.
Im Rippenmuster 27/31 cm arb.
Weiter im Rippenmuster str und wie folgt 4 weitere M-Markierer setzen: Nach 18 M, nach 8/12 M, nach 36 M, nach 8/12 M.
Nun die Abnahmen für die Mützenspitze arb, ggf. zum Nd-Spiel wechseln.
1. Rd: * Bis 1 M vor M-Markierer mustergemäß str, 2 M rechts zusammenstr, bis zum nächsten M-Markierer mustergemäß str, 2 M rechts überzogen zusammenstr, ab * noch 1x wdh, mustergemäß bis Rd-Ende (= 84/92 M).
Die 1. Rd fortlaufend wdh, bis alle seitlichen M abgenommen sind. Übrig bleiben vorne und hinten je 10/14 M.
Nun die M-Markierer entfernen.
Zum Abketten die Arb wenden, so dass die Innenseite außen liegt. Die 10/14 vorderen sowie die 10/14 hinteren M auf je eine Nd-Spitze nehmen, parallel halten und mit einer 3. Nd * wie zum Rechtsstr jeweils in die 1. M beider Nd einstechen und beide M zusammenstr. Den Vorgang für die 2. M wdh. Nun die 1. M auf der rechten Nd über die 2. M ziehen. Ab * fortlaufend wdh, bis alle M abgekettet sind.
Den Faden lang abschneiden, mit der Wollnd durch die letzte M fädeln, festziehen und auf die Innenseite der Mütze ziehen.

Fertigstellen

Alle Fäden vernähen. Mütze anfeuchten, in Form bringen und trocknen lassen.

Mein Tipp für Sie

Modern oder klassisch? Die Mütze kann einfach umgeschlagen als moderne High-Top oder zweifach umgeschlagen als klassische Fischermütze getragen werden.

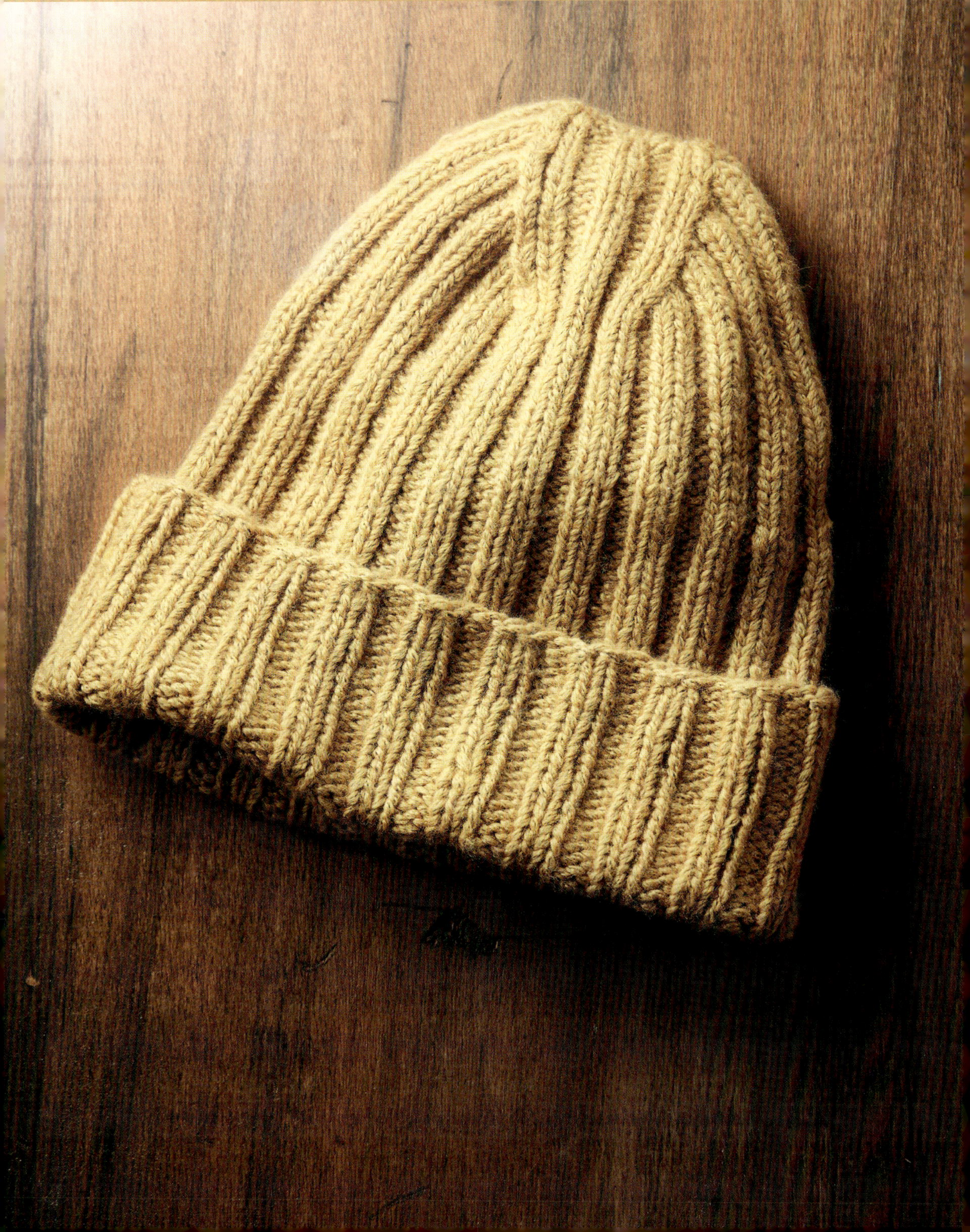

Mustermix

mit Rippenbögen

GRÖSSE

Höhe 25 cm/30 cm
Kopfumfang
51-54/55-58 cm

Die Angaben für Größe 51-54 cm stehen vor dem Schrägstrich, für Größe 55-58 cm danach. Steht nur eine Angabe, gilt diese für beide Größen.

MATERIAL

- Lang Yarns Wooladdicts Fire (LL 75 m/100 g) in Sage (Fb 92), 200 g
- Rundstricknadel 8,0-9,0 mm, 40 cm lang
- ggf. Nadelspiel 8,0-9,0 mm
- Maschenmarkierer
- Wollnadel

MASCHENPROBE

Im Struktur-Rippenmuster mit Nd 8,0-9,0 mm
12 M und 18 R
= 10 cm x 10 cm

Glatt rechts

In Rd alle M rechts str.

Struktur-Rippenmuster

M-Zahl teilbar durch 4.
1. Rd: * 1 M rechts, 2 M links, 1 M rechts, ab * fortlaufend wdh.
2. Rd: Alle M rechts str.
Die 1. und 2. Rd fortlaufend wdh.

Anleitung

56/64 M im Kreuzanschlag auf der Rundstricknd anschl, zur Rd schließen und den Rd-Beginn mit dem M-Markierer kennzeichnen.
Für den Rollrand 4 Rd glatt rechts str.
Dann im Struktur-Rippenmuster str, bis 17/22 cm ab Anschlag erreicht sind.
Nun die Abnahmen für die Mützenspitze arb, ggf. zum Nd-Spiel wechslen.
1. Rd: * 2 M rechts überzogen zusammenstr, 6 M mustergemäß str, ab * fortlaufend wdh (= 49/56 M).
2. (und alle geraden) Rd: Mustergemäß str.
3. Rd: * 2 M rechts überzogen zusammenstr, 5 M mustergemäß str, ab * fortlaufend wdh (= 42/48 M).
5. Rd: * 2 M rechts überzogen zusammenstr, 4 M mustergemäß str, ab * fortlaufend wdh (= 35/40 M).
7. Rd: * 2 M rechts überzogen zusammenstr, 3 M mustergemäß str, ab * fortlaufend wdh (= 28/32 M).
9. Rd: * 2 M rechts überzogen zusammenstr, 2 M mustergemäß str, ab * fortlaufend wdh (= 21/24 M).
11. Rd: * 2 M rechts überzogen zusammenstr, 1 M mustergemäß str, ab * fortlaufend wdh (= 14/16 M).
12. Rd: * 2 M rechts überzogen zusammenstr, ab * fortlaufend wdh (= 7/8 M).
Faden lang abschneiden, mit der Wollnd durch die verbleibenden M fädeln, festziehen und auf die Innenseite der Mütze ziehen.

Fertigstellen

Mit einem Pompon-Maker einen Pompon herstellen. Alle Fäden vernähen. Die Mütze anfeuchten, in Form bringen und trocknen lassen.

Mein Tipp für Sie

Abnehmbarer Pompon Beim Beenden des Pompons die Fadenenden nach dem Zusammenknoten etwa 20 cm lang lassen. Mit einer Häkelnadel die Enden durch die Mützenspitze ziehen und den Pompon mit einer Schleife befestigen. So kann der Pompon ausgetauscht oder die Mütze „oben ohne" getragen werden.

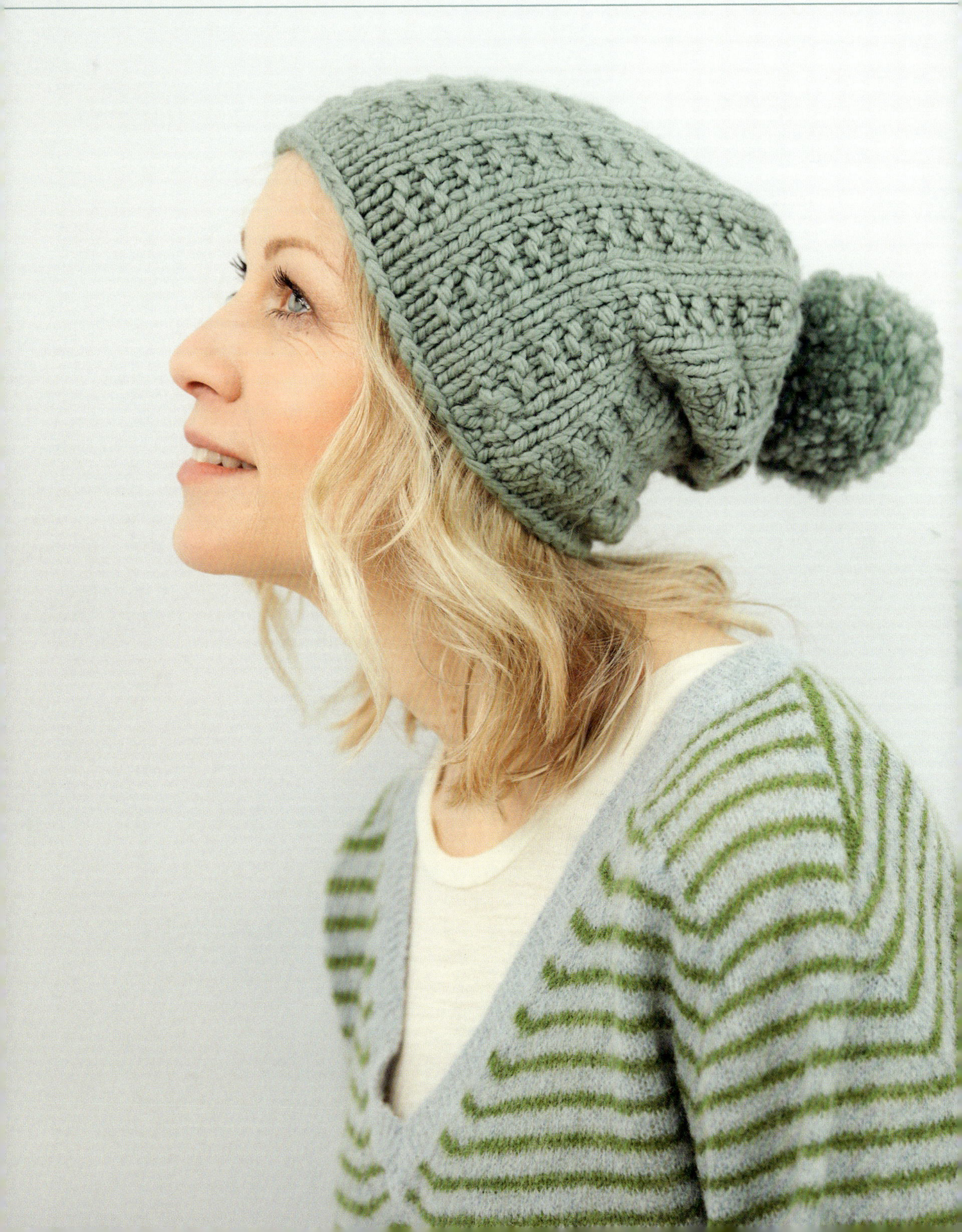

Dekorative Zöpfe

für viel Volumen

GRÖSSEN
Höhe 25 cm
Kopfumfang
51-54/55-58 cm

Die Angaben für Größe 51-54 cm stehen vor dem Schrägstrich, für Größe 55-58 cm danach. Steht nur eine Angabe, gilt diese für beide Größen.

MATERIAL

- Kremke Soul Wool Babyalpaka (LL 100 m/50 g) in Koralle (Fb 111), 100 g
- Nadelspiele 4,5 mm und 5,0 mm
- Hilfsnadel
- Maschenmarkierer
- Wollnadel

MASCHENPROBE
Kraus rechts
mit Nd 5,0 mm
20 M und 25 R
= 10 cm x 10 cm

Bündchenmuster

In Rd * 1 M rechts, 2 M links, 2 M rechts, 2 M links, 4 M rechts, 2 M links, 2 M rechts, 2 M links, 1 M rechts, ab * fortlaufend wdh.

V-Muster

M-Zahl teilbar durch 18.
Nach der Strickschrift den Rapport von 18 M fortlaufend wdh, die 1.-10. Rd 4x arb.

Anleitung

90/108 M auf dem Nd-Spiel 4,5 mm anschl. Für Größe 51-54 cm 22/23/22/23 M auf die Nd verteilen, für Größe 55-58 cm 27 M pro Nd. Die M zur Rd schließen und den Rd-Beginn mit dem M-Markierer kennzeichnen. Dann 15 Rd im Bündchenmuster str.

Zu Nd-Spiel 5,0 mm wechseln. Die 1.-10. Rd des V-Muster nach der Strickschrift 4x arb. Nun die Abnahmen für die Mützenspitze arb:

1. Rd: * 1 M rechts, 2 M links zusammenstr, 4 M links, 4 M rechts, 4 M links, 2 M links zusammenstr, 1 M rechts, ab * fortlaufend wdh (= 80/96 M).

2. Rd: * 1 M rechts, 5 M links, 4 M rechts, 5 M links, 1 M rechts, ab * fortlaufend wdh.

3. Rd: * 1 M rechts, 4 M links, 1 M auf eine Hilfsnd hinter die Arbeit legen, 2 M rechts, 1 M von der Hilfsnd rechts str, 2 M auf eine Hilfsnd vor die Arbeit legen, 1 M rechts, 2 M von der Hilfsnd rechts str, 4 M links, 1 M rechts, ab * fortlaufend wdh.

4. Rd: * 1 M rechts, 2 M links zusammenstr, 2 M links, 2 M rechts, 2 M links, 2 M rechts, 2 M links, 2 M links zusammenstr, 1 M rechts, ab * fortlaufend wdh (= 70/84 M).

V-Muster

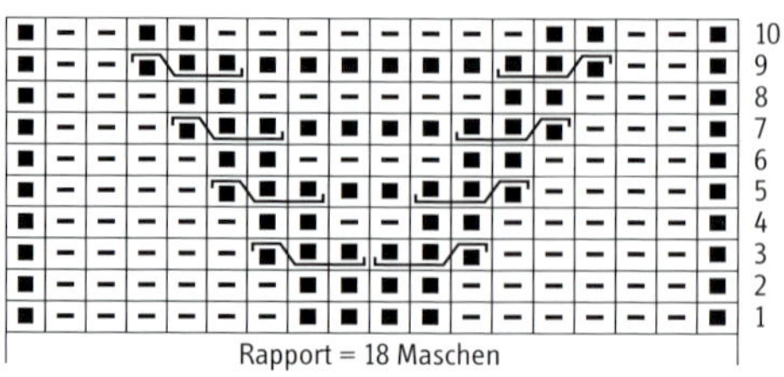

■ = 1 Masche rechts

– = 1 Masche links

= 1 Masche auf einer Hilfsnadel hinter die Arbeit legen, 2 Maschen rechts, dann die Masche von der Hilfsnadel rechts stricken

= 2 Maschen auf einer Hilfsnadel vor die Arbeit legen, 1 Masche rechts, dann die 2 Maschen von der Hilfsnadel rechts stricken

... weiter geht es auf Seite 28

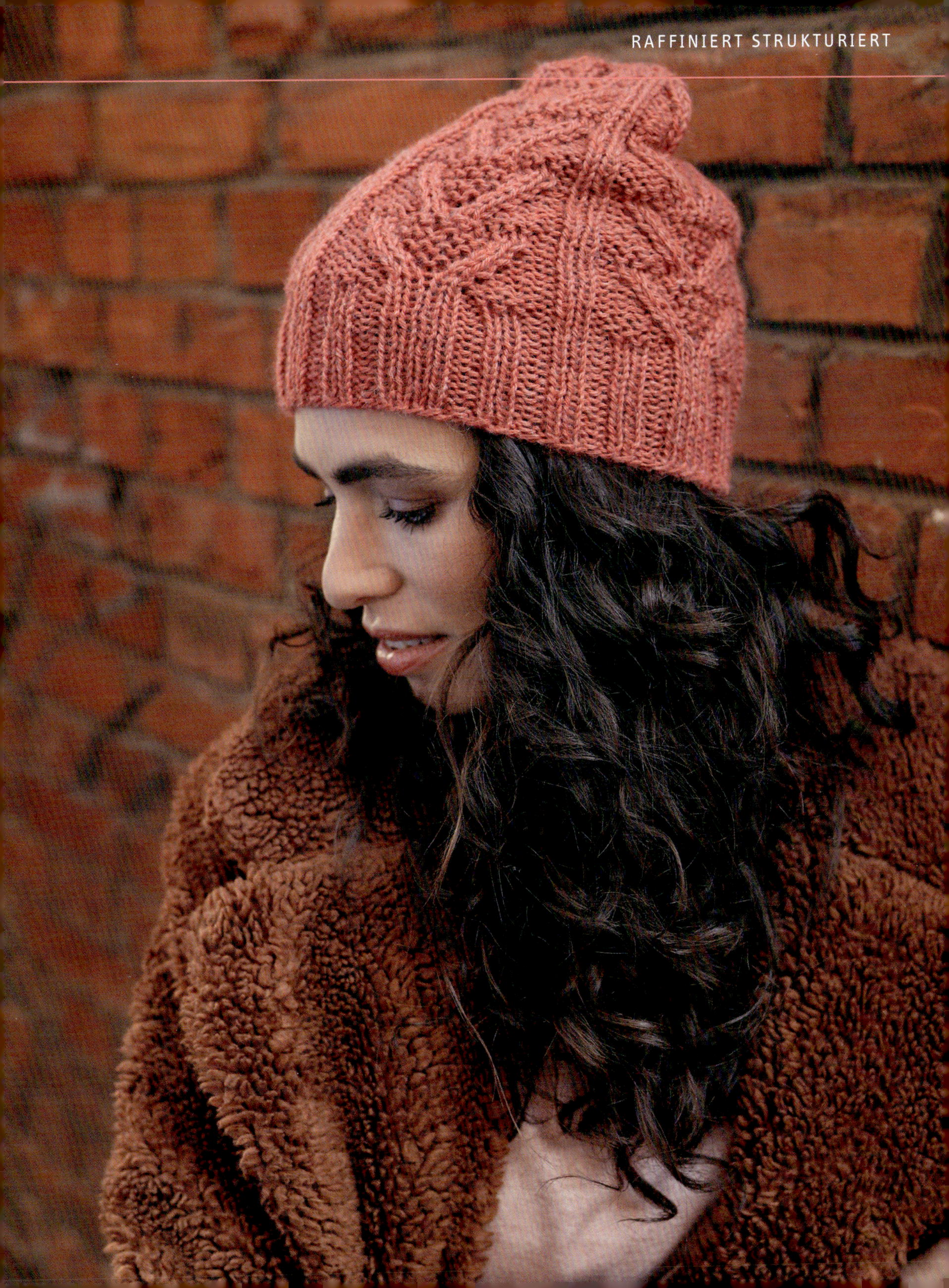

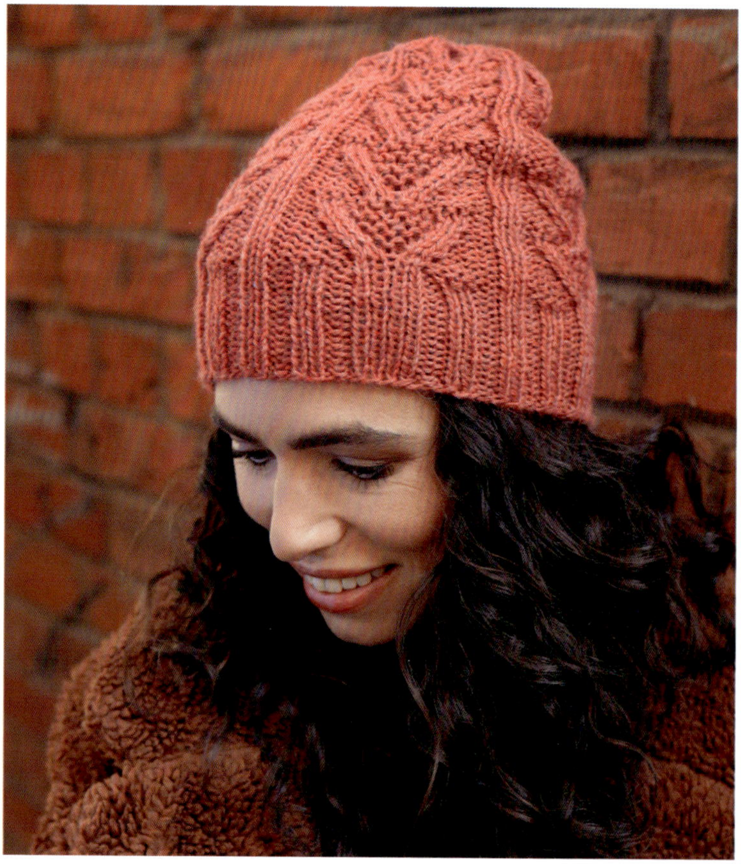

5. Rd: * 1 M rechts, 2 M links, 1 M auf eine Hilfsnd hinter die Arbeit legen, 2 M rechts, 1 M von der Hilfsnd rechts str, 2 M rechts, 2 M auf eine Hilfsnd vor die Arbeit legen, 1 M rechts, 2 M von der Hilfsnd rechts str, 2 M links, 1 M rechts, ab * fortlaufend wdh.

6. Rd: * 1 M rechts, 2 M links zusammenstr, 2 M rechts, 4 M links, 2 M rechts, 2 M links zusammenstr, 1 M rechts, ab * fortlaufend wdh (= 60/72 M).

7. Rd: * 1 M rechts, 1 M auf eine Hilfsnd hinter die Arbeit legen, 2 M rechts, 1 M von der Hilfsnd rechts str, 4 M rechts, 2 M auf eine Hilfsnd vor die Arbeit legen, 1 M rechts, 2 M von der Hilfsnd rechts str, 1 M rechts, ab * fortlaufend wdh.

8. Rd: * 3 M rechts, 2 M links, 2 M links zusammenstr, 2 M links, 3 M rechts, ab * fortlaufend wdh (= 55/66 M).

9. Rd: * 3 M rechts, 2 M rechts zusammenstr, 1 M rechts, 2 M rechts zusammenstr, 3 M rechts, ab * fortlaufend wdh (= 45/54 M).

10. Rd : * 1 M rechts, 2 M rechts zusammenstr, 3 M links zusammenstr, 2 M rechts zusammenstr, 1 M rechts, ab * fortlaufend wdh (= 25/30 M).

11. Rd: * 1 M rechts, 1 M wie zum Linksstricken abheben (Faden hinten), 2 M rechts zusammenstr, die abgehobene M überziehen, 1 M rechts, ab * fortlaufend wdh (= 15/18 M).

Den Faden lang abschneiden, mit der Wollnd durch die verbleibenden M fädeln, festziehen und auf die Innenseite der Mütze ziehen.

Fertigstellen

Alle Fäden vernähen. Die Mütze anfeuchten, in Form bringen und trocknen lassen.

Mein Tipp für Sie

Andere Größen Die Höhe der Mütze kann angepasst werden. Einfach einen Rapport in der Höhe mehr oder weniger stricken.

Sturmreif

Balaclava für Eilige

GRÖSSE

Einheitsgröße für Größe 51-58 cm:
Höhe 38 cm
Umfang Kinn 54 cm,
Umfang Abkettkante 96 cm

MATERIAL

- Lang Yarns Wool-addicts Fire (LL 75 m/100 g) in Cristal (Fb 21), 200 g
- Rundstricknadel 8,0-9,0 mm, 40 cm lang
- Hilfsnadel
- Maschenmarkierer
- Wollnadel

MASCHENPROBE

Im Rippenmuster mit Nd 8,0-9,0 mm 14 M und 14 R = 10 cm x 10 cm

Randmaschen

Die erste und letzte M jeder R rechts str.

Rippenmuster

1. R: 1 M rechts, 1 M links im Wechsel str.
2. R: Alle M str, wie sie erscheinen.

Die 1. und 2. R fortlaufend wdh.

Patentmuster

1. Rd: * 1 M mit 1 U links abheben, 1 M links, ab * fortlaufend wdh.
2. Rd: * 1 M mit 1 U rechts zusammenstr, 1 M mit 1 U links abheben, ab * fortlaufend wdh.
3. Rd: * 1 M mit 1 U links abheben, 1 M mit 1 U links zusammenstr, ab * fortlaufend wdh.

Die 2. und 3. Rd fortlaufend wdh.

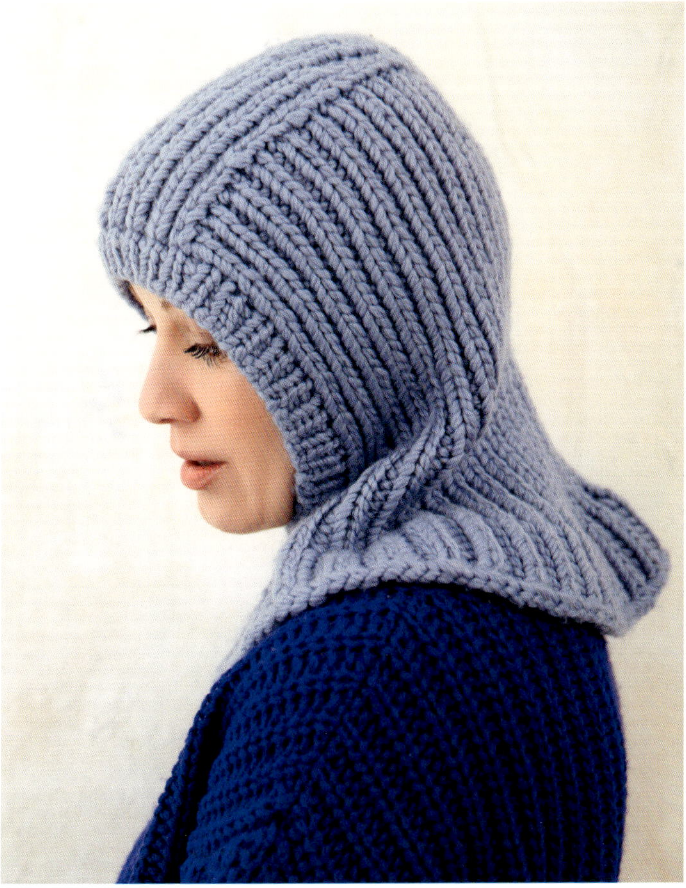

... weiter geht es auf Seite 30

Doppelte Zunahme

Aus 1 M 1 M verschränkt str, auf der linken Nd lassen, dann 1 U aufnehmen, dann die M rechts abstr.

Anleitung

Zunächst ein Rechteck str, von der Stirn ausgehend nach hinten.
Dafür 19 M im Kreuzanschlag auf die Rundstricknd anschl. Weiter das Rippenmuster in R str, dabei die Rdm rechts str, bis eine Höhe von ca. 14 cm erreicht ist.
Nun M abnehmen, damit eine Rundung entsteht:
1. R: 1 Rdm, 1 M rechts, 2 M rechts zusammenstr, im Rippenmuster bis 4 M vor R-Ende, 2 M rechts überzogen zusammenstr, 1 M rechts, 1 Rdm (= 17 M).
2.-4. R: Die M str, wie sie erscheinen.
5. R: 1 Rdm, 1 M rechts, 2 M links zusammenstr, im Rippenmuster bis 4 M vor R-Ende, 2 M links zusammenstr (= 15 M).
6.-8. R: Die M str, wie sie erscheinen.
9. R: Wie die 1. R str (= 13 M).
10. R: Die M str, wie sie erscheinen.
11. R: Wie die 5. R str (= 11 M).
12. R: Die M str, wie sie erscheinen.
Die 11 M auf einer Hilfsnd stilllegen, Faden abschneiden.
Nun M wie folgt aufnehmen:
Aus der Seitenkante des zuvor gestrickten Rechtecks (die Anschlagkante zeigt nach rechts) 23 M aufnehmen, die 11 M der Hilfsnd im Rippenmuster str, 23 M aus der anderen Seitenkante aufnehmen (= 57 M).
1. R (Rückr): 1 Rdm, * 1 M links, 1 M rechts, ab * fortlaufend wdh, enden mit 1 M links, 1 Rdm.
2. R (Hinr): 1 Rdm, alle M str, wie sie erscheinen, 1 Rdm.
3.+4. R: Wie die 1. und 2. R str.
5. R: Wie die 1. R str.
6. R: 1 Rdm, 20 M im Rippenmuster, 1 doppelte Zunahme, bis 22 M vor R-Ende im Rippenmuster, 1 doppelte Zunahme, im Rippenmuster bis R-Ende, 1 Rdm (= 61 M).
Im Rippenmuster noch 10 cm str.
Nun wie folgt M zunehmen am Übergang zum Hals.
1. R: 1 Rdm, 1 M rechts, 1 M links, 1 M rechts, 1 rechte M aus dem Querfaden linksgeneigt zunehmen, im Rippenmuster bis 4 M vor Ende, 1 rechte M aus dem Querfaden rechtsgeneigt zunehmen, 1 M rechts, 1 M links, 1 M rechts, 1 Rdm (= 63 M).
2. R: Alle M str, wie sie erscheinen.
3. R: 1 Rdm, 1 M rechts, 1 M links, 1 M rechts, 1 linke M aus dem Querfaden rechtsgeneigt zunehmen, im Rippenmuster bis 4 M vor Ende, 1 linke M aus dem Querfaden rechtsgeneigt zunehmen, 1 M rechts, 1 M links, 1 M rechts, 1 Rdm (= 65 M).
4. R: Alle M str, wie sie erscheinen.
5.-7. R: Die 1.-3. R noch 1x wdh (= 69 M).
Für die Halspartie die Arbeit nicht wenden, sondern 7 M aufschlingen und zur Rd schließen. 7-10 cm im Rippenmuster str. Nun den neuen Rd-Anfang mittig der linken Schulter bestimmen, den M-Markierer vor eine rechte M setzen. Noch 6 cm im Patentmuster str und die M mustergemäß locker abk.
Den Faden lang abschneiden, mit der Wollnd durch die verbleibenden M fädeln, festziehen und auf die Innenseite der Mütze ziehen.

Fertigstellen

Alle Fäden vernähen. Mütze anfeuchten, in Form bringen und trocknen lassen.

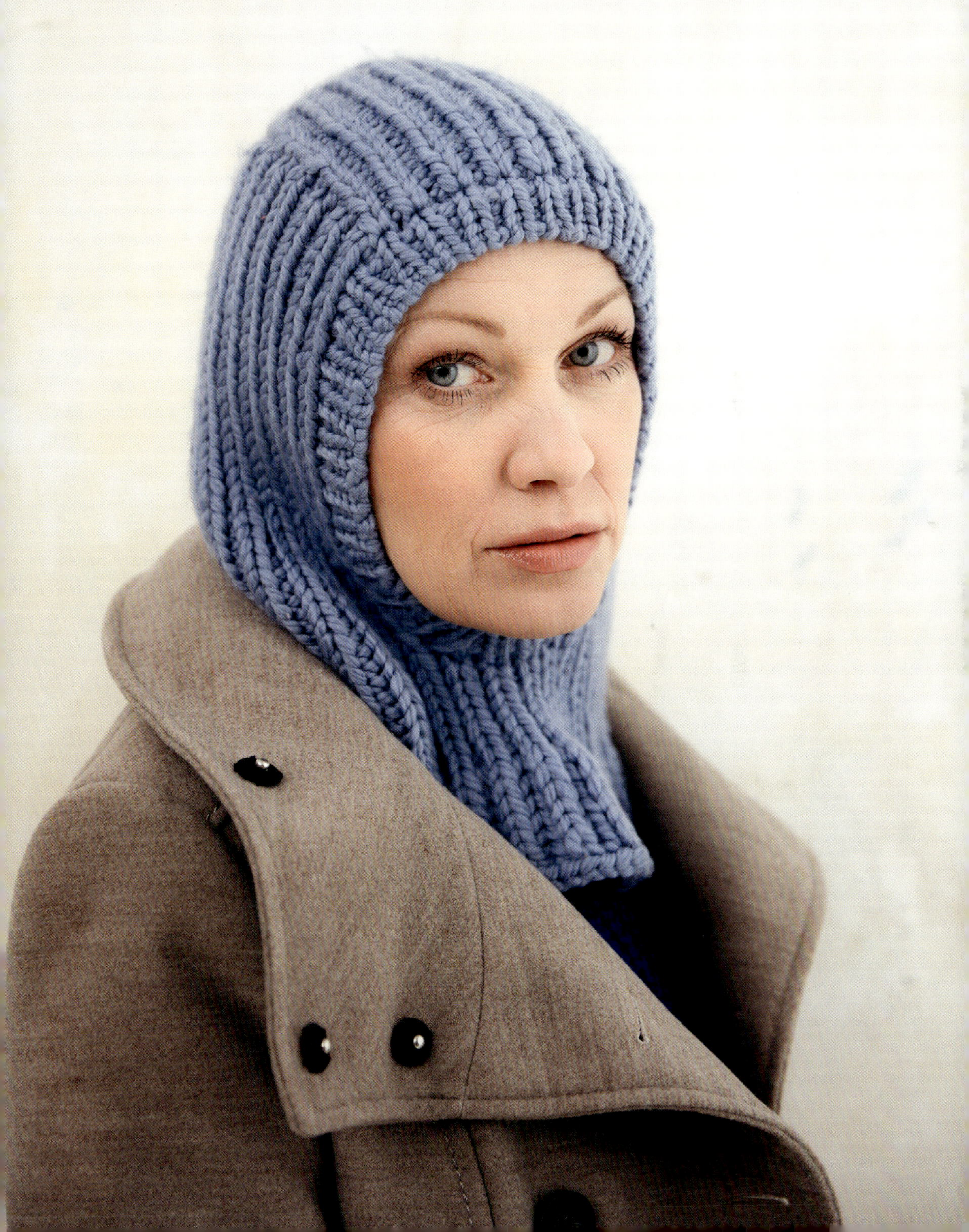

Glatt und weich

für Sie und Ihn

GRÖSSEN

Höhe 30/30,5 cm
Kopfumfang
51-54/55-58 cm

Die Angaben für Größe 51-54 cm stehen vor dem Schrägstrich, für Größe 55-58 cm danach. Steht nur eine Angabe, gilt diese für beide Größen.

MATERIAL

- Kremke Soul Wool Eco Cashmere Fingering (LL 112 m/25 g) in Stahlgrau meliert (Fb 03), 50 g
- Nadelspiel 3,0 mm
- Maschenmarkierer
- Wollnadel

MASCHENPROBE

Glatt rechts
mit Nd 3,0 mm
28 M und 40 R
= 10 cm x 10 cm

Glatt rechts

In Rd alle M rechts str.

Anleitung

100/116 M auf dem Nd-Spiel anschl (25/29 M pro Nd), zur Rd schließen und den Rd-Beginn mit dem M-Markierer kennzeichnen.
Als Rand 2 Rd linke M str. Weiter glatt rechts bis zu einer Gesamthöhe von 26 cm ab Anschlag str.
Nun die Abnahmen wie folgt str:
1. Rd: * 11/13 M rechts, 3 M mit aufliegender Mittel-M zusammenstr, 11/13 M rechts, ab* noch 3x wdh (= 92/108 M).
2. Rd: * 10/12 M rechts, 3 M mit aufliegender Mittel-M zusammenstr, 10/12 M rechts, ab* noch 3x wdh (= 84/100 M).
3. Rd: * 9/11 M rechts, 3 M mit aufliegender Mittel-M zusammenstr, 9/11 M rechts, ab* noch 3x wdh (= 76/92 M).
4. Rd: * 8/10 M rechts, 3 M mit aufliegender Mittel-M zusammenstr, 8/10 M rechts, ab* noch 3x wdh (= 68/84 M).
5. Rd: * 7/9 M rechts, 3 M mit aufliegender Mittel-M zusammenstr, 7/9 M rechts, ab* noch 3x wdh (= 60/76 M).
6. Rd: * 6/8 M rechts, 3 M mit aufliegender Mittel-M zusammenstr, 6/8 M rechts, ab* noch 3x wdh (= 52/68 M).
7. Rd: * 5/7 M rechts, 3 M mit aufliegender Mittel-M zusammenstr, 5/7 M rechts, ab* noch 3x wdh (= 44/60 M).
8. Rd: * 4/6 M rechts, 3 M mit aufliegender Mittel-M zusammenstr, 4/6 M rechts, ab* noch 3x wdh (= 36/52 M).
9. Rd: * 3/5 M rechts, 3 M mit aufliegender Mittel-M zusammenstr, 3/5 M rechts, ab* noch 3x wdh (= 28/44 M).
10. Rd: * 2/3 M rechts, 3 M mit aufliegender Mittel-M zusammenstr, 2/3 M rechts, ab* noch 3x wdh (= 20/36 M).
11. Rd: * 1/3 M rechts, 3 M mit aufliegender Mittel-M zusammenstr, 1/3 M rechts, ab* noch 3x wdh (= 12/28 M).
Die Mütze für Größe 51-54 cm beenden.
Für Größe 54-58 cm weitere 2 Rd str:
12. Rd: * 2 M rechts, 3 M mit aufliegender Mittel-M zusammenstr, 2 M rechts, ab* noch 3x wdh (= 20 M).
13. Rd: * 1 M rechts, 3 M mit aufliegender Mittel-M zusammenstr, 1 M rechts, ab* noch 3x wdh (= 12 M).
Den Faden lang abschneiden, mit der Wollnd durch die verbleibenden M fädeln, festziehen und auf die Innenseite der Mütze ziehen.

Fertigstellen

Alle Fäden vernähen. Mütze anfeuchten, in Form bringen und trocknen lassen.

Mein Tipp für Sie

Andere Größen Die Höhe der Mütze kann angepasst werden. Einfach glatt rechts mehr oder weniger Runden stricken. Ebenso kann die Weite angepasst werden. Hierfür mehr bzw. weniger Maschen anschlagen (M-Zahl teilbar durch 4).

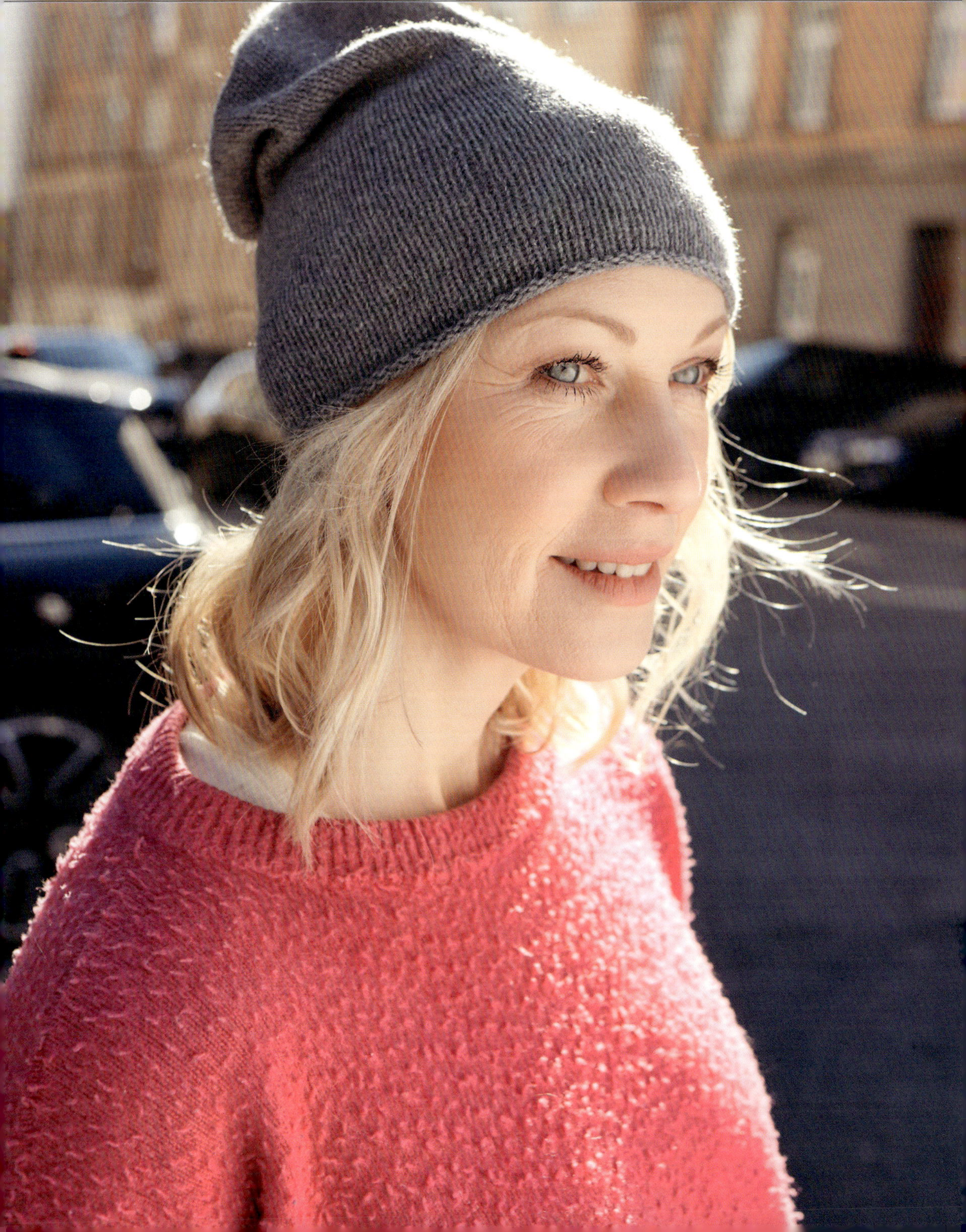

Runde Sache

Béret à la mode française

GRÖSSE

ø 28/32 cm
Kopfumfang
51-54/55-58 cm

Die Angaben für Größe 51-54 cm stehen vor dem Schrägstrich, für Größe 55-58 cm danach. Steht nur eine Angabe, gilt diese für beide Größen.

MATERIAL

- Lana Grossa Landlust Winterwolle (LL 70 m/ 50 g) in Hellgrau meliert (Fb 09), 100 g
- Rundstricknadeln 7,0 mm und 8,0-9,0 mm, je 40 cm lang
- ggf. Nadelspiel 8,0-9,0 mm
- Maschenmarkierer
- Wollnadel

MASCHENPROBE

Glatt rechts
mit Nd 8,0-9,0 mm
12 M und 21 R
= 10 cm x 10 cm

Bündchenmuster

In Rd 1 M rechts, 1 M links im Wechsel str.

Glatt rechts

In Rd alle M rechts str.

2 Maschen aus 1 Masche herausstricken

Für eine nach links geneigte Zunahme mit der rechten Nd den rechten M-Schenkel der folgenden M der Vor-Rd auffassen, auf die linke Nd heben, die M rechts abstr und die eigentliche M rechts abstr.

Anleitung

60/70 M im Kreuzanschlag auf der Rundstricknd 7,0 mm anschl, zur Rd schließen und den Rd-Beginn mit dem M-Markierer kennzeichnen.
5 Rd im Bündchenmuster arb.
Zur größeren Nd-Stärke wechseln und wie folgt Zunahmen arb.
1. Rd: * 4 M rechts, 2 M aus 1 M herausstr, ab * fortlaufend wdh (= 72/84 M).
2.-4. Rd: Alle M rechts str.
5. Rd: * 5 M rechts, 2 M aus 1 M herausstr, ab * fortlaufend wdh (= 84/98 M).
6.-8. Rd: Alle M rechts str.
9. Rd: * 6 M rechts, 2 M aus 1 M herausstr, ab * fortlaufend wdh (= 96/112 M).
10.-15. Rd: Alle M rechts str.

Nun die Abnahmen arb, ggf. zum Nd-Spiel wechseln:
1. Rd: * 6 M rechts, 2 M rechts zusammenstr, ab * fortlaufend wdh (= 84/98 M).
2.-4. Rd: Alle M rechts str.
5. Rd: * 5 M rechts, 2 M rechts zusammenstr, ab * fortlaufend wdh (= 72/84 M).
6.-8. Rd: Alle M rechts str.
9. Rd: * 4 M rechts, 2 M rechts zusammenstr, ab * fortlaufend wdh (= 60/70 M).
10.-12. Rd: Alle M rechts str.
13. Rd: * 3 M rechts, 2 M rechts zusammenstr, ab * fortlaufend wdh (= 48/56 M).
14.-16. Rd: Alle M rechts str.
17. Rd: * 2 M rechts, 2 M rechts zusammenstr, ab * fortlaufend wdh (= 36/42 M).
18.-20. Rd: Alle M rechts str.
21. Rd: * 1 M rechts, 2 M rechts zusammenstr, ab * fortlaufend wdh (= 24/28 M).
22. Rd: Alle M rechts str.
23.-25. Rd: * 2 M rechts zusammenstr, ab * fortlaufend wdh (= 3/4 M).
26.+27. Rd: Alle M rechts str, so dass ein kleiner Zipfel entsteht.
Den Faden lang abschneiden, mit der Wollnd durch die verbleibenden M fädeln, festziehen und durch den Zipfel auf die Innenseite der Mütze ziehen.

Fertigstellen

Alle Fäden vernähen. Mütze anfeuchten, über einem Teller in Form bringen und trocknen lassen.

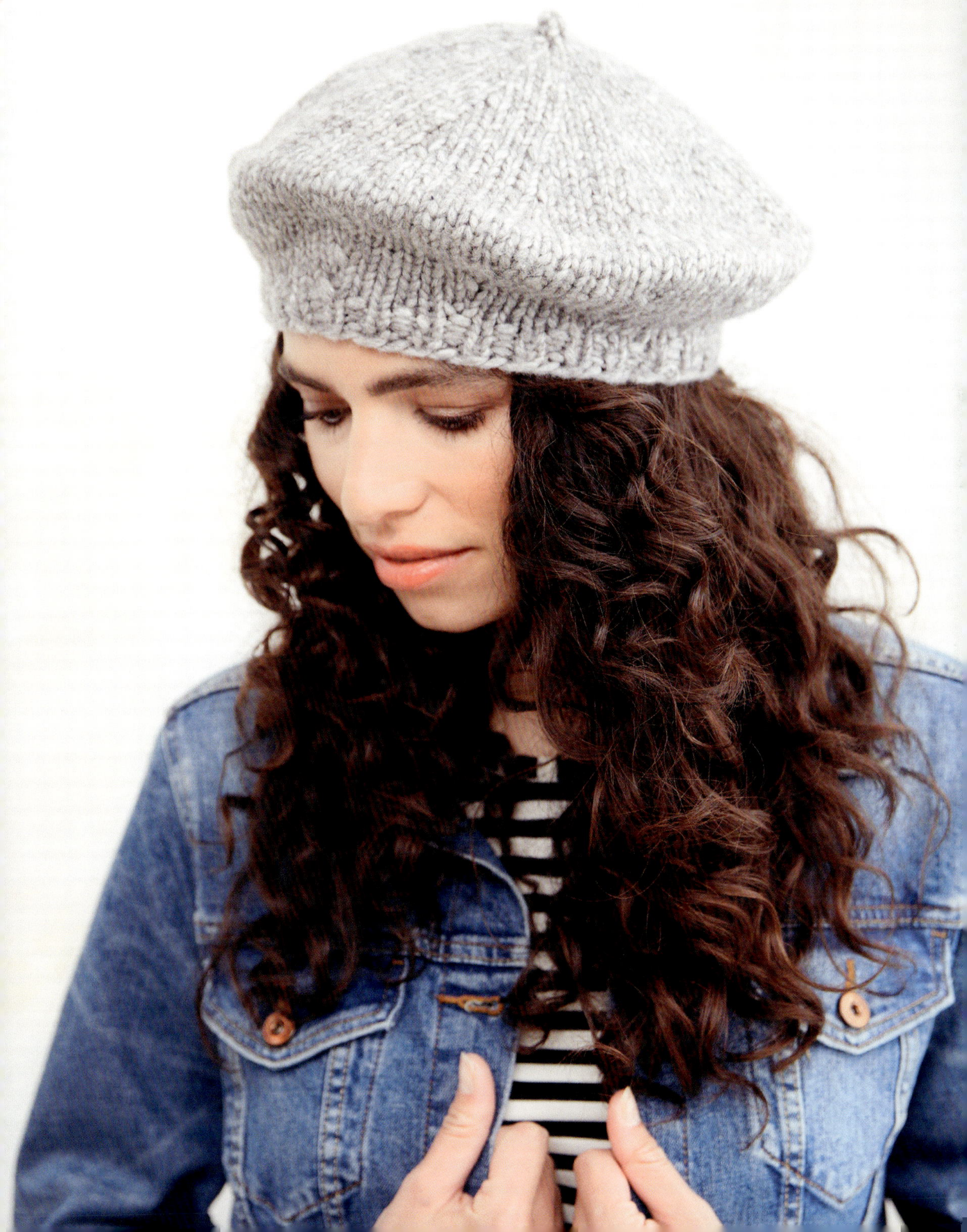

Romantische Ringel

im Wabenmuster

GRÖSSEN
Höhe 25 cm
Kopfumfang
51-54/55-58 cm

Die Angaben für Größe 51-54 cm stehen vor dem Schrägstrich, für Größe 55-58 cm danach. Steht nur eine Angabe, gilt diese für beide Größen.

MATERIAL

- Lana Grossa Lace Seta Mulberry (LL 175 m/50 g) in Pastellflieder (Fb 03) und Pflaume (Fb 05), je 50 g
- Lana Grossa Silkhair (LL 210 m/25 g) in Pastellflieder (Fb 150) und Aubergine (Fb 149), je 25 g
- Nadelspiele 4,5 mm und 5,0 mm
- Maschenmarkierer
- Wollnadel

MASCHENPROBE
Glatt rechts
mit Nd 5,0 mm und doppeltem Faden
20 M und 25 R
= 10 cm x 10 cm

Hinweis: Die Mütze wird mit doppeltem Faden aus Lace Seta Mulberry und Silkhair gestrickt.

Fb-Kombination A: Lace Seta Mulberry Pastellflieder und Silkhair Pastellflieder
Fb-Kombination B: Lace Seta Mulberry Pflaume und Silkhair Aubergine

Farbfolge

6 Rd in Fb-Kombination A und 6 Rd in Fb-Kombination B im Wechsel str.

Bündchenmuster

In Rd 2 M rechts, 2 M links im Wechsel str.

Wabenmuster

M-Zahl teilbar durch 4.
1. Rd (Kombination B): Alle M rechts str.
2.-4. Rd: * 2 M rechts, 2 M links, ab * fortlaufend wdh.
5. Rd (Kombination A): * 2 M wie zum Linksstr abheben (Faden hinten), 2 M rechts, ab * fortlaufend wdh.
6. Rd: Wie die 5. Rd str.
7. Rd: Alle M rechts str.
8.-10. Rd: * 2 M links, 2 M rechts str, ab * fortlaufend wdh.
11. Rd (Kombination B): * 2 M rechts, 2 M wie zum Linksstr abheben (Faden hinten), ab * fortlaufend wdh.
12. Rd: Wie die 11. Rd str.
13. Rd: Alle M rechts str.
14.-16. Rd: * 2 M rechts, 2 M links, ab * fortlaufend wdh.

Hinweis: Beim Farbwechsel die vier Fäden auf der Rückseite verkreuzen, damit keine Löcher entstehen.

Anleitung

88/96 M in Fb-Kombination A auf dem Nd-Spiel 4,5 mm anschl (22/24 M pro Nd). Die M zur Rd schließen und den Rd-Beginn mit dem M-Markierer kennzeichnen.
Dann 10 Rd im Bündchenmuster str.
Zu Nd 5,0 mm wechseln.
Die 1.-16. Rd des Wabenmusters str, dann die 5.-16. Rd noch 3x wdh und die 5.-7. Rd noch 1x wdh.
Nun die Abnahmen für die Mützenspitze arb:
1. Rd (Kombination A): * 2 M rechts zusammenstr, 2 M rechts, ab * fortlaufend wdh (= 66/72 M).
2.-4. Rd: Alle M rechts str.
5. Rd: Fortlaufend 2 M rechts zusammenstr (= 33/36 M).
6. Rd: * 2 M rechts zusammenstr, ab * fortlaufend wdh, bis 1/0 M vor Rd-Ende, 1/0 M rechts str (= 16/18 M).
Den Faden lang abschneiden, mit der Wollnd durch die verbleibenden M fädeln, festziehen und auf die Innenseite der Mütze ziehen.

Fertigstellen

Alle Fäden vernähen. Mütze anfeuchten, in Form bringen und trocknen lassen.

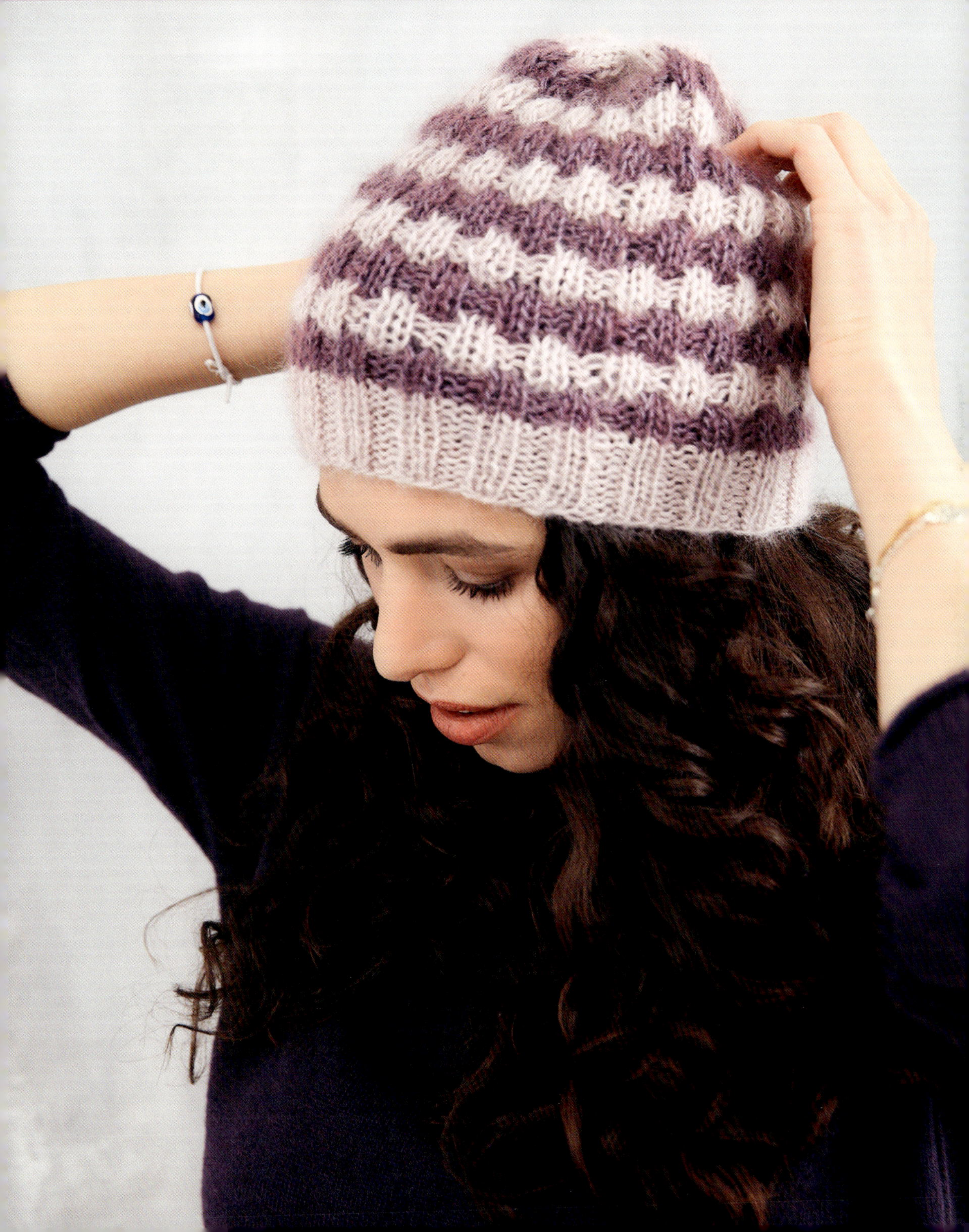

Zwischen dem Perlmuster dominiert ein verschlungenes Zopfmuster.

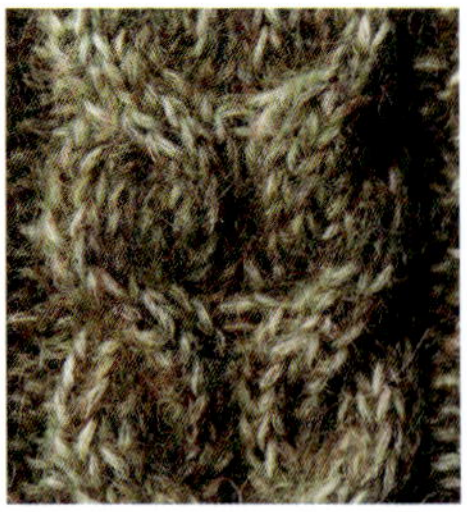

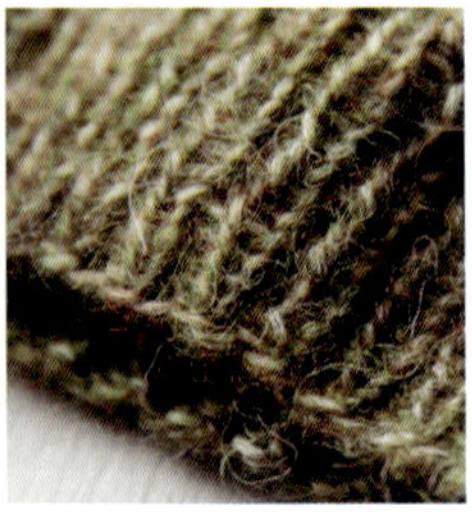

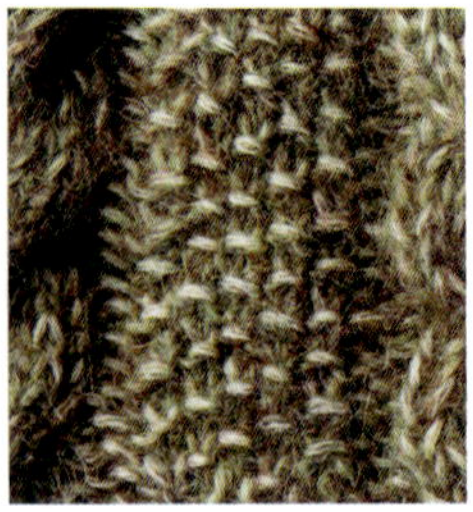

Verflochten

große Zöpfe und kleine Perlen

GRÖSSEN
Höhe 25 cm
Kopfumfang 51-54/55-58 cm

Die Angaben für Größe 51-54 cm stehen vor dem Schrägstrich, für Größe 55-58 cm danach. Steht nur eine Angabe, gilt diese für beide Größen.

MATERIAL

- Butinette Primo Ava (LL 225 m/50 g) in Oliv meliert (Fb 746), 50 g
- Nadelspiele 3,5 mm und 4,0 mm
- Hilfsnadel
- Maschenmarkierer
- Wollnadel

MASCHENPROBE
Glatt rechts mit Nd 4,0 mm
19 M und 30 R = 10 cm x 10 cm

STRICKSCHRIFTEN
Seite 47

Bündchenmuster

In Rd 1 M rechts, 1 M links im Wechsel str.

Zopf-Perlmuster

M-Zahl teilbar durch 22/23.
Nach den Strickschriften den Rapport von 22/23 M fortlaufend wdh. Die 1.-8. Rd 6x str.

Anleitung

88/92 M auf das Nd-Spiel 3,5 mm anschl (22/23 M pro Nd), die M zur Rd schließen und den Rd-Beginn mit dem M-Markierer kennzeichnen.
Dann 14 Rd im Bündchenmuster str.
Nun folgt eine Übergangs-Rd mit Zunahmen:
15. Rd: * 1 M rechts, 1 M links str, ab * fortlaufend wdh, dabei gleichmäßig verteilt 22/23 M zunehmen, d. h. nach jeder 4. M 1 M linksgeneigt aus dem Querfaden zunehmen und rechts stricken (= 110/115 M).
Für das Muster zu Nd 4,0 mm wechseln und wie folgt str.
Die 1.-8. Rd nach den Strickschriften A/B Zopf-Perlmuster 6x arb.
Nun die Abnahmen für die Mützenspitze nach den Strickschriften C/D Abnahmen Zopf-Perlmuster arb.
Den Faden lang abschneiden, mit der Wollnd durch die verbleibenden M fädeln, festziehen und auf die Innenseite der Mütze ziehen.

Fertigstellen

Alle Fäden vernähen. Mütze anfeuchten, in Form bringen und trocknen lassen.

Mein Tipp für Sie

Andere Größen Die Höhe der Mütze kann angepasst werden, dafür 8 Runden im Zopf-Perlmuster mehr oder weniger stricken.

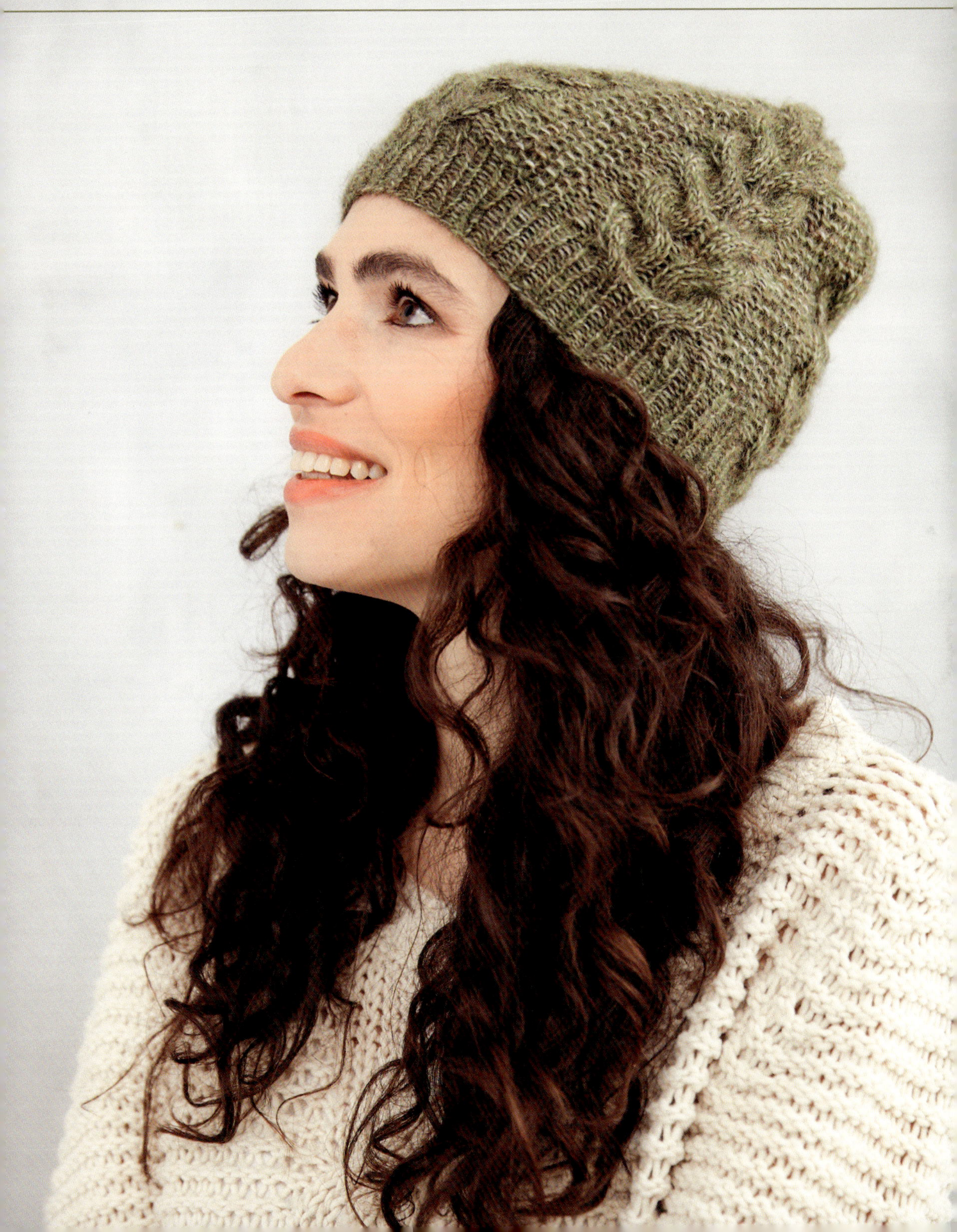

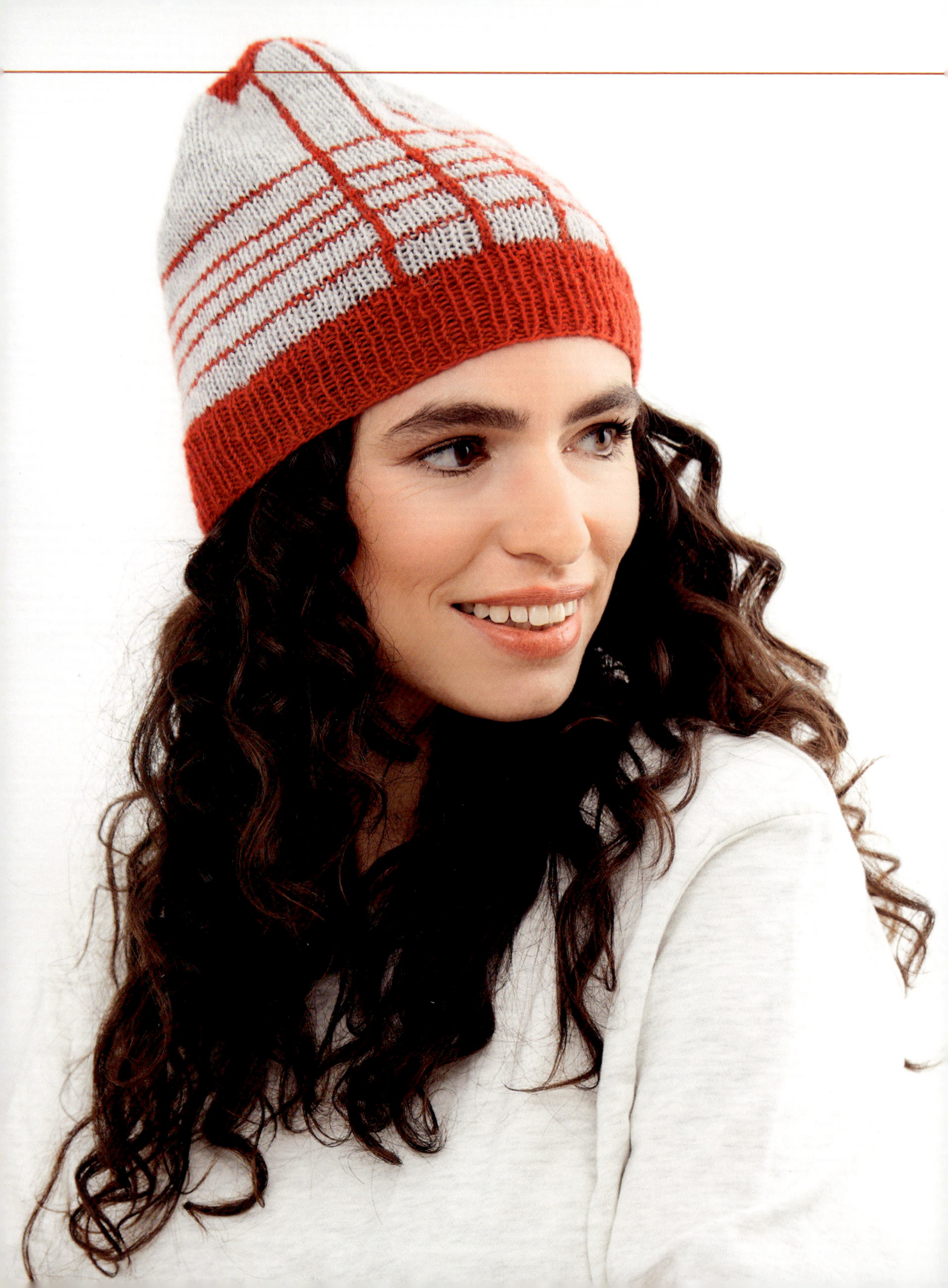

Feine Linien

längs und quer

GRÖSSEN
Höhe 25 cm
Kopfumfang
51-54/55-58 cm

Die Angaben für Größe 51-54 cm stehen vor dem Schrägstrich, für Größe 55-58 cm danach. Steht nur eine Angabe, gilt diese für beide Größen.

MATERIAL

- Lana Grossa Ecopuno (LL 215 m/50 g) in Kirschrot (Fb 47) und Hellgrau (Fb 14), je 50 g
- Nadelspiele 3,5 mm und 4,0 mm
- Häkelnadel 4,0 mm
- Maschenmarkierer
- Wollnadel

MASCHENPROBE
Glatt rechts
mit Nd 4,0 mm
24 M und 30 R
= 10 cm x 10 cm

Bündchenmuster

In Rd 1 M rechts, 1 M links im Wechsel str.

Glatt rechts

In Rd alle M rechts str.

Rillenmuster

In Rd * 5 M rechts, 1 M links, ab * noch 4x wdh, restliche M rechts str.

Farbfolge

5 Rd Hellgrau, 1 Rd Kirschrot, 5 Rd Hellgrau, 1 Rd Kirschrot, 3 Rd Hellgrau, 1 Rd Kirschrot, 3 Rd Hellgrau, 1 Rd Kirschrot, 5 Rd Hellgrau, 1 Rd Kirschrot, 25 Rd Hellgrau.

Anleitung

Für das Bündchen 100/112 M in Kirschrot auf dem Nd-Spiel 3,5 mm anschl (25/28 M pro Nd). Die M zur Rd schließen und den Rd-Beginn mit dem M-Markierer kennzeichnen.

15 Rd im Bündchenmuster str.

16. Rd: * 5 M rechts, 1 M links str, ab * noch 4x wdh, restliche M rechts str.

Zu Nd 4,0 mm und Garn in Hellgrau wechseln und in der Fb-Folge 51 Rd im Rillenmuster str.

Nun die Abnahmen für die Mützenspitze arb:

1. Rd (Kirschrot): * 1 M rechts, 2 M rechts zusammenstr, ab * fortlaufend wdh, die letzte M rechts str (= 68/76 M).

2.-6. Rd: Alle M rechts str.

7. Rd: * 1 M rechts, 2 M rechts zusammenstr, ab * fortlaufend wdh, bis 2/1 M vor Rd-Ende, 2/1 M rechts str (= 48/52 M).

8. Rd: Alle M rechts str.

9. Rd: * 2 M rechts zusammenstr, ab * fortlaufend wdh (= 24/26 M).

10. Rd: * 2 M rechts zusammenstr, ab * fortlaufend wdh (= 12/13 M).

Den Faden lang abschneiden, mit der Wollnd durch die verbleibenden M fädeln, festziehen und auf die Innenseite der Mütze ziehen.

Fertigstellen

Alle Fäden vernähen. Mütze anfeuchten, in Form bringen und trocknen lassen.

Mein Tipp für Sie

Andere Größen Die Höhe der Mütze kann angepasst werden, dafür nach dem letzten Streifen in Rot mehr oder weniger Runden in Hellgrau stricken. Auch der Umfang der Mütze kann durch zusätzlich aufgenommene oder weggelassene Maschen angepasst werden (M-Zahl teilbar durch 2).

Mit dickem Garn und rechten Maschen entsteht ein Rollrand und optional ein kleiner Zipfel.

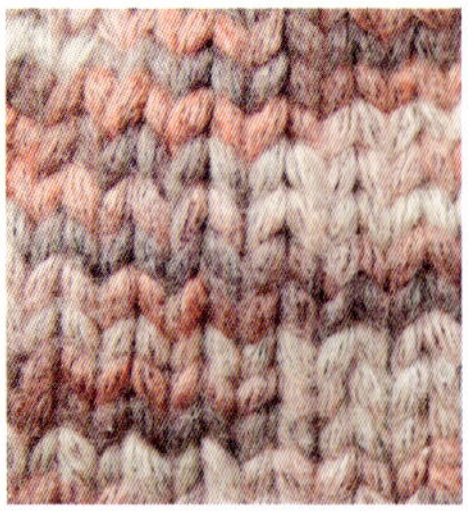

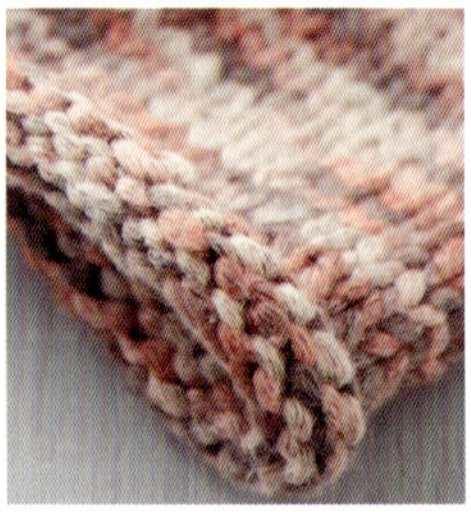

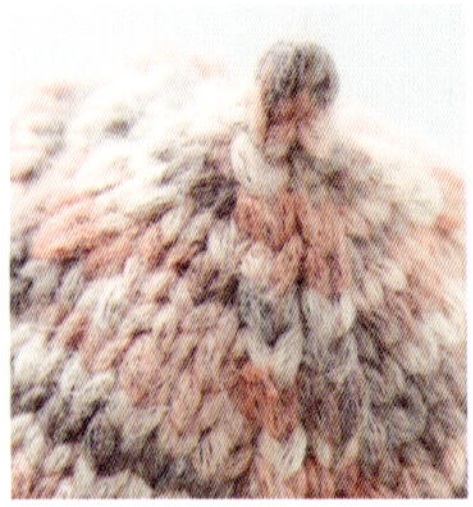

Für Eilige

mit Rollrand und Zipfel

GRÖSSE

Höhe 22 cm
Kopfumfang 51-54/55-58 cm

Die Angaben für Größe 51-54 cm stehen vor dem Schrägstrich, für Größe 55-58 cm danach. Steht nur eine Angabe, gilt diese für beide Größen.

MATERIAL

- Lana Grossa Inizio (LL 60 m/50 g) in Altrosa/Erika (Fb 103), 100 g
- Rundstricknadel 8,0-9,0 mm, 40 cm lang
- ggf. Nadelspiel 8,0-9,0 mm
- 4 Maschenmarkierer
- Wollnadel

MASCHENPROBE

Glatt rechts mit Nd 8,0-9,0 mm
12,5 M und 19 R = 10 cm x 10 cm

Glatt rechts

In Rd alle M rechts str.

Anleitung

56/64 M im Kreuzanschlag auf der Rundstricknd anschl, zur Rd schließen und den Rd-Beginn mit dem 1. M-Markierer kennzeichnen.
Glatt rechts 16/18 cm str, dabei entsteht ein kleiner Rollrand.
In der nächsten Rd die M-Markierer setzen: * 14/16 M rechts str, M-Markierer setzen, ab * noch 2x wdh, 14/16 M rechts str.

Nun die Abnahmen für die Mützenspitze arb, ggf. zum Nd-Spiel wechseln:
1. Rd: * 2 M rechts überzogen zusammenstr, bis 2 M vor M-Markierer rechts str, 2 M rechts zusammenstr, ab * noch 3x wdh (= 48/56 M).
2.+3. Rd: Alle M rechts str.
Die 1.-3. Rd noch 1x/2x wdh (= 40 M).
Die 1.+2. Rd noch 4x wdh (= 8 M).
Die Mütze kann hier beendet oder noch mit einem Zipfel versehen werden. Dafür noch 3 Rd glatt rechts str.
Den Faden lang abschneiden, mit der Wollnd durch die verbleibenden M fädeln, festziehen und durch den Zipfel auf die Innenseite der Mütze ziehen.

Fertigstellen

Alle Fäden vernähen. Mütze anfeuchten, in Form bringen und trocknen lassen.

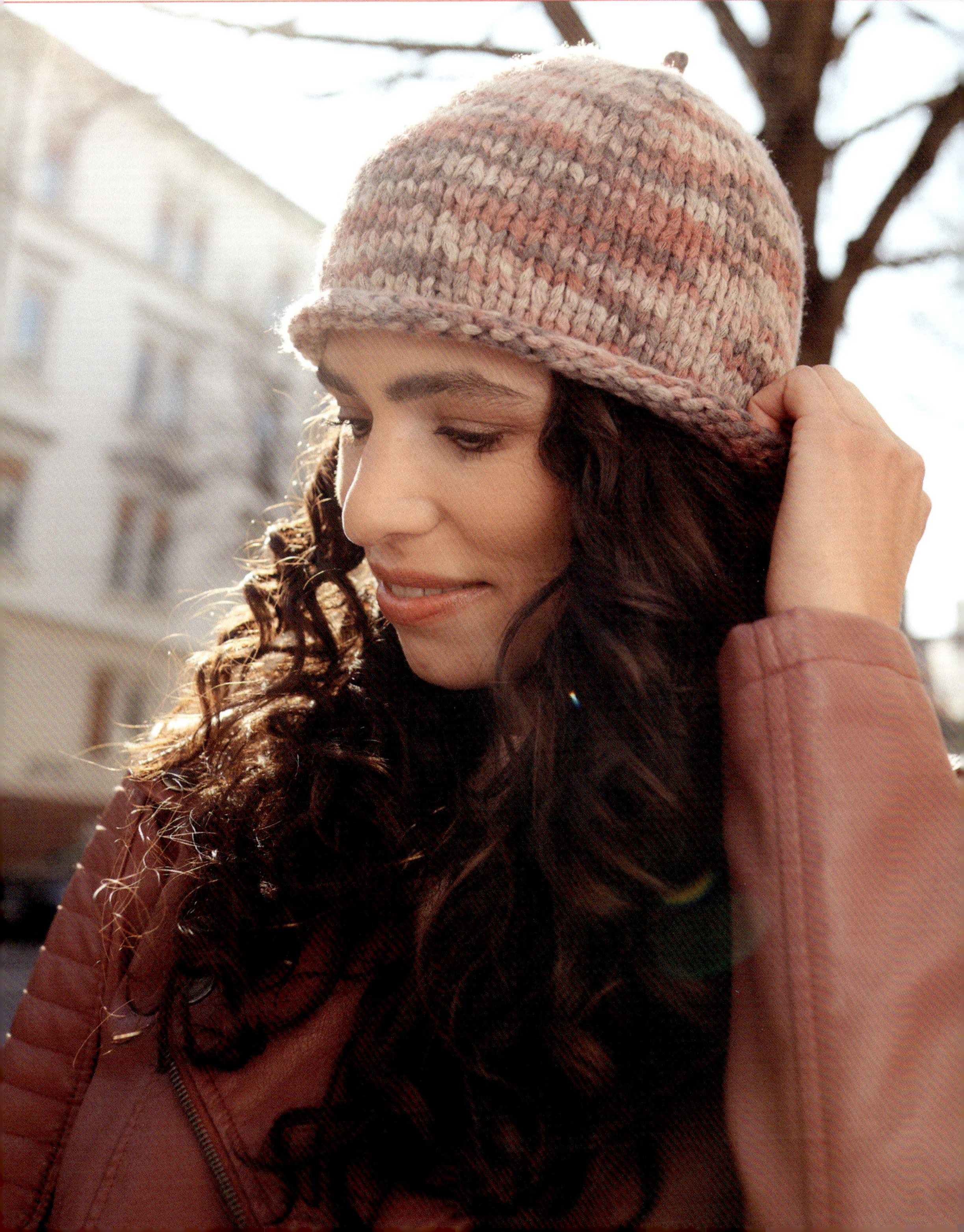

Beliebter Klassiker

Seite 16

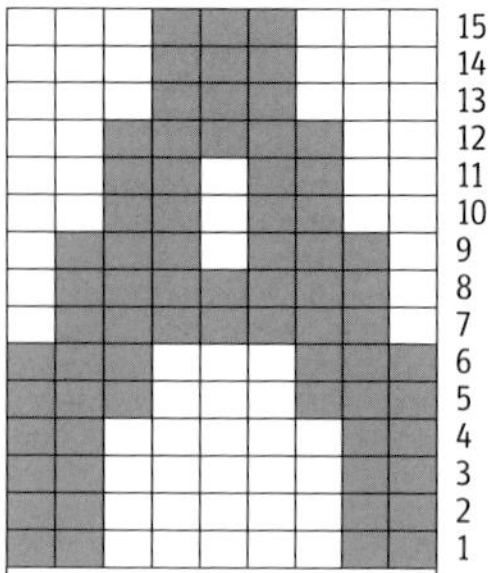

A = 9 Maschen

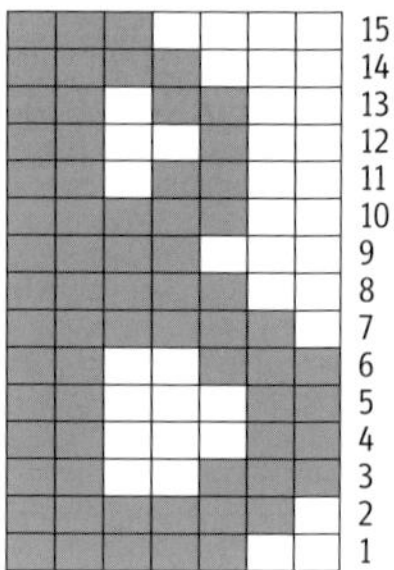

B = 7 Maschen

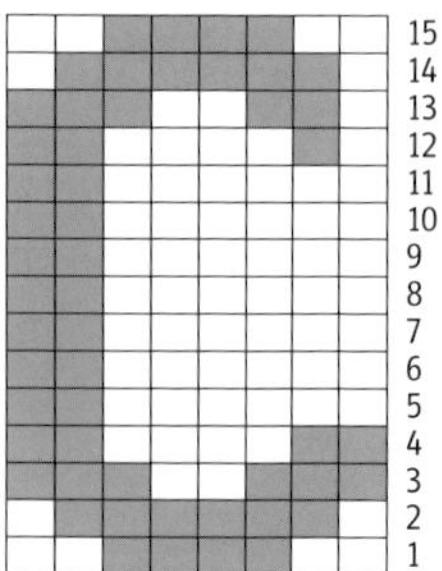

C = 8 Maschen

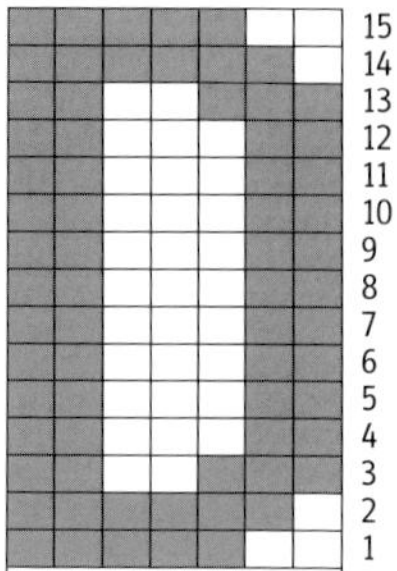

D = 7 Maschen

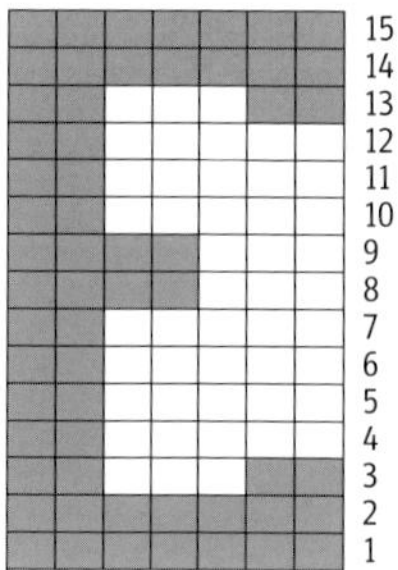

E = 7 Maschen

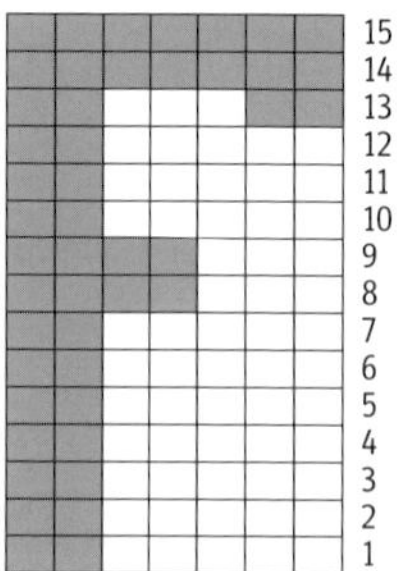

F = 7 Maschen

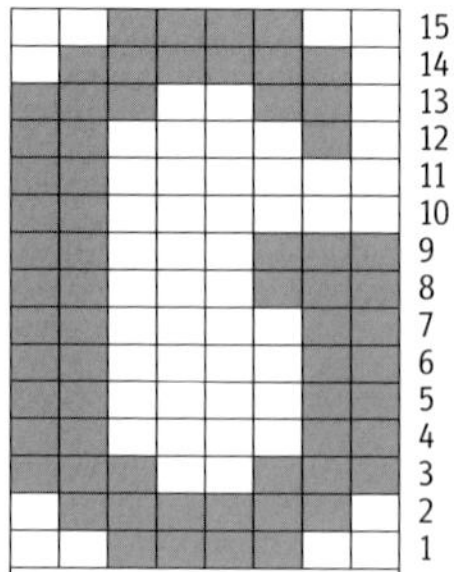

G = 8 Maschen

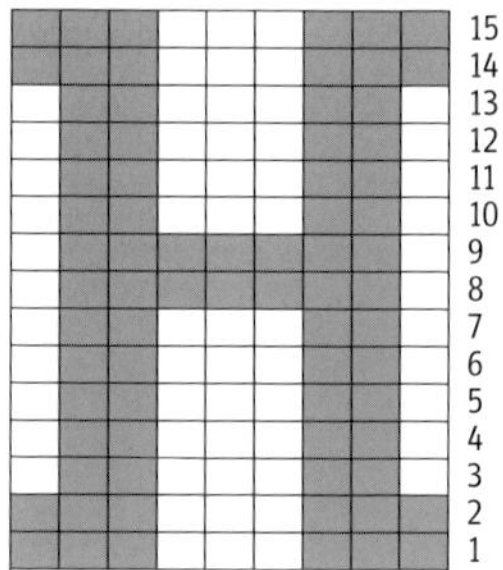

H = 9 Maschen

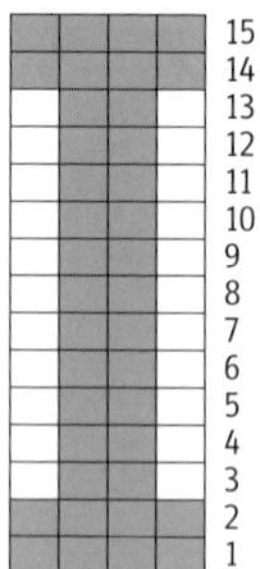

I = 4 Maschen

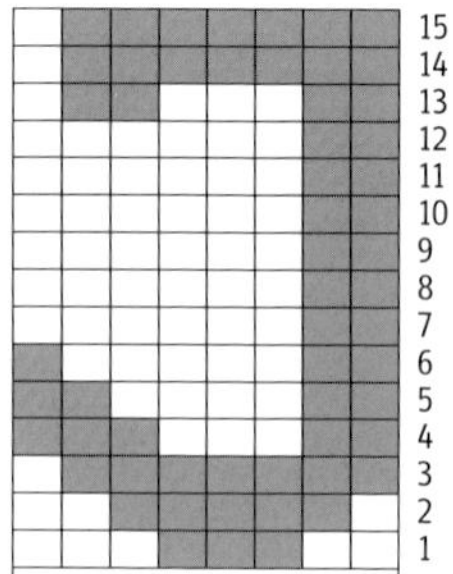

J = 8 Maschen

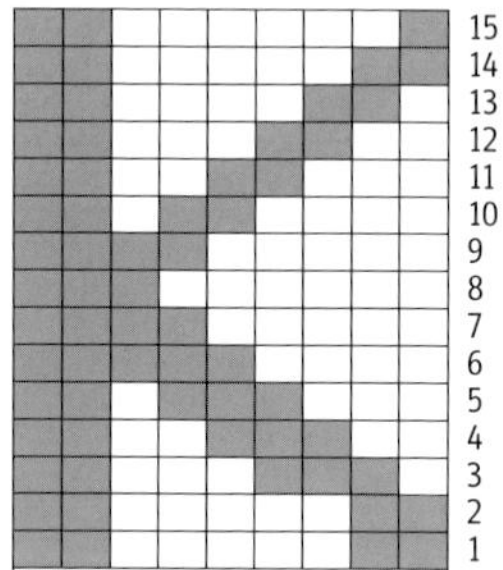

K = 9 Maschen

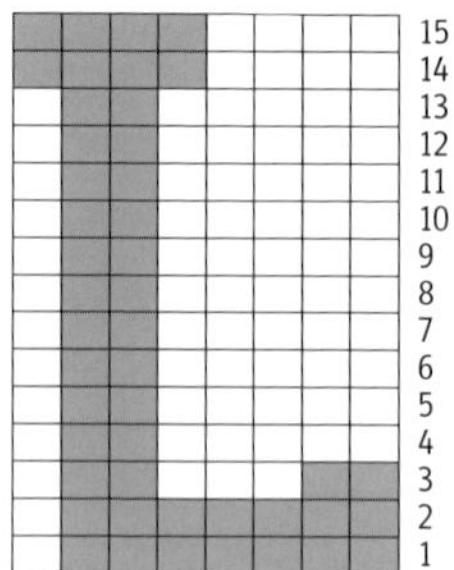

L = 8 Maschen

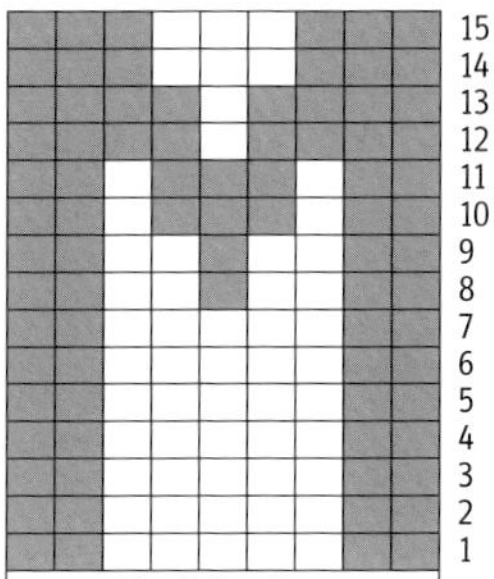
M = 9 Maschen

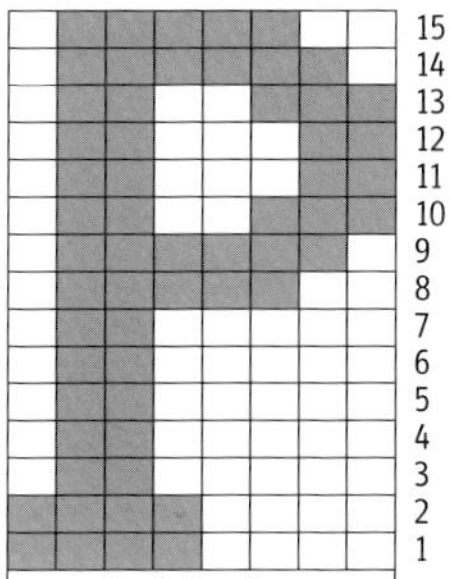
P = 8 Maschen

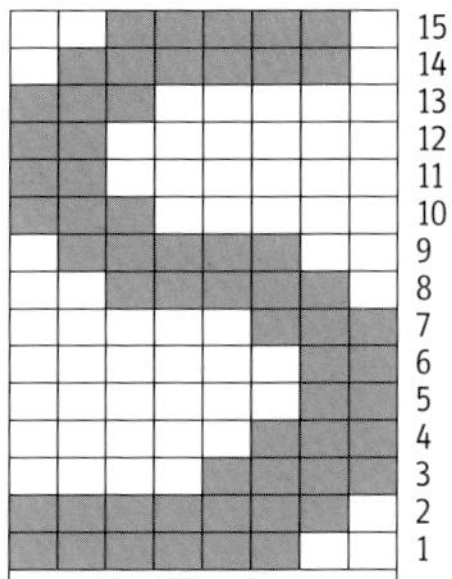
S = 8 Maschen

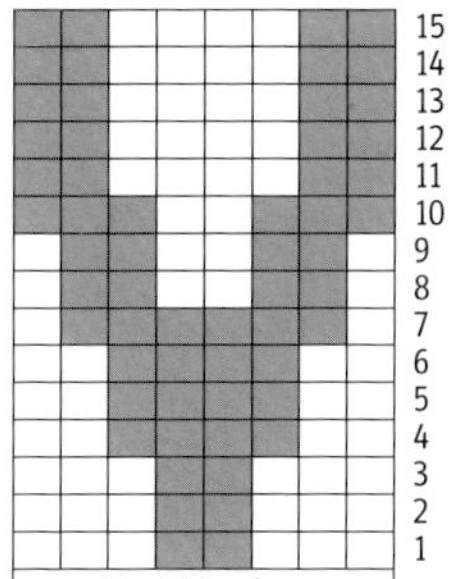
V = 8 Maschen

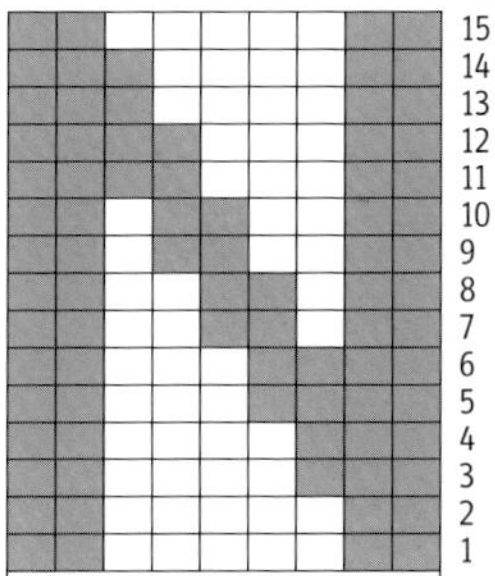
N = 9 Maschen

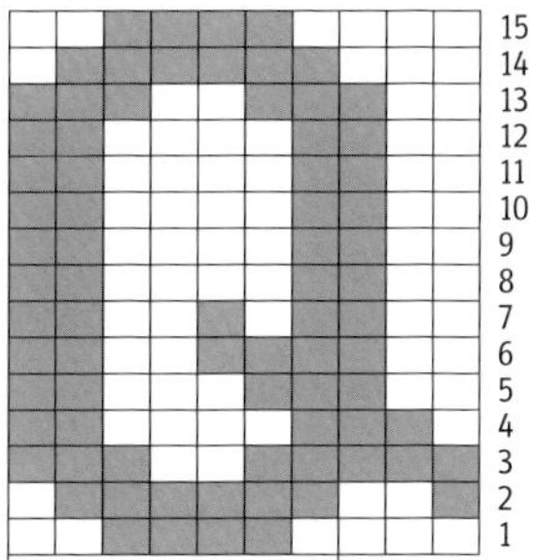
Q = 7 Maschen

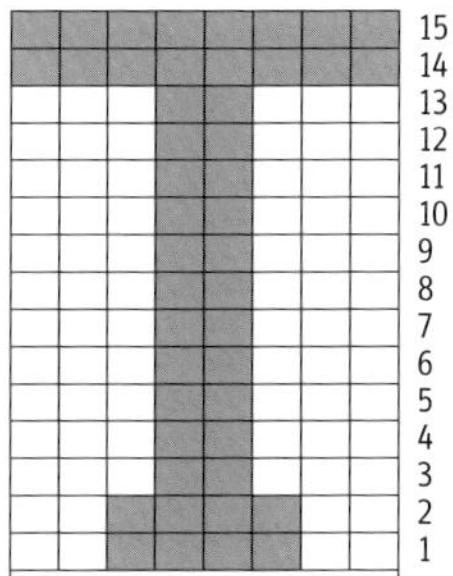
T = 8 Maschen

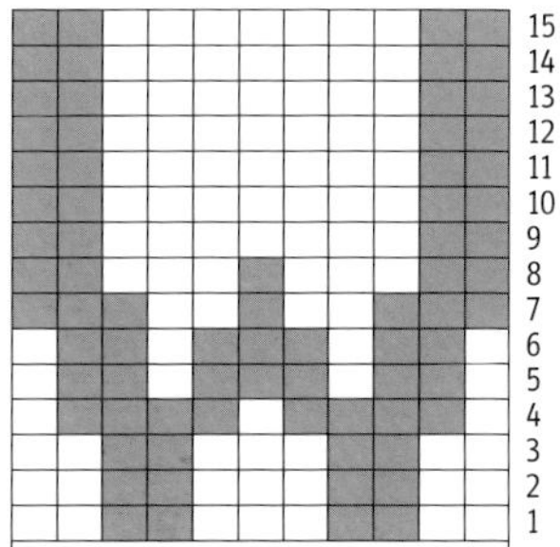
W = 11 Maschen

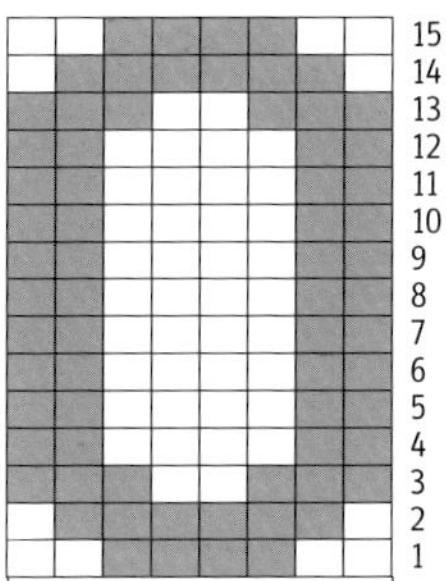
O = 8 Maschen

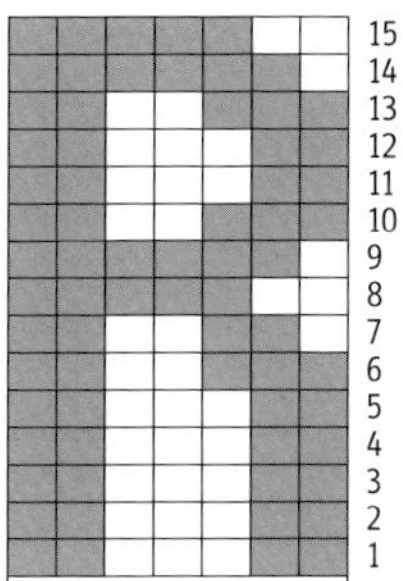
R = 7 Maschen

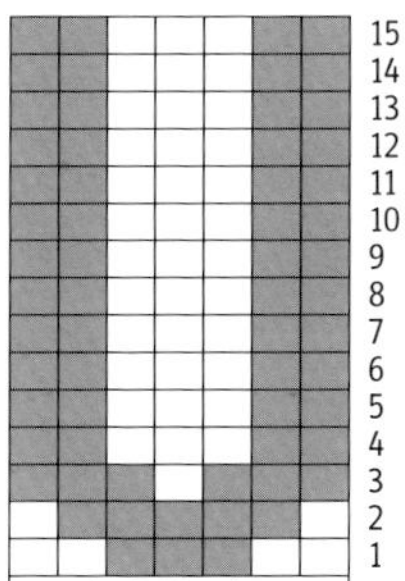
U = 7 Maschen

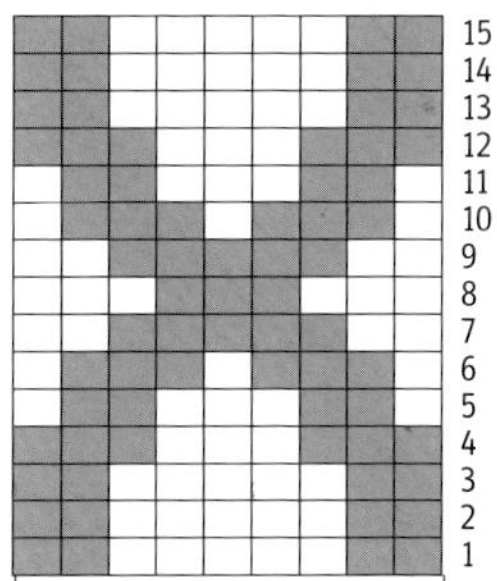
X = 9 Maschen

Beliebter Klassiker

Seite 16

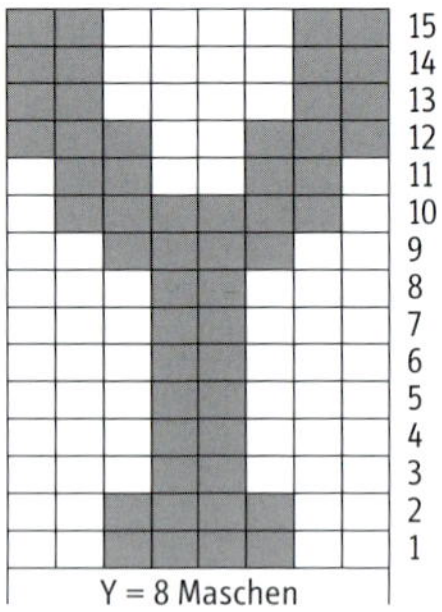

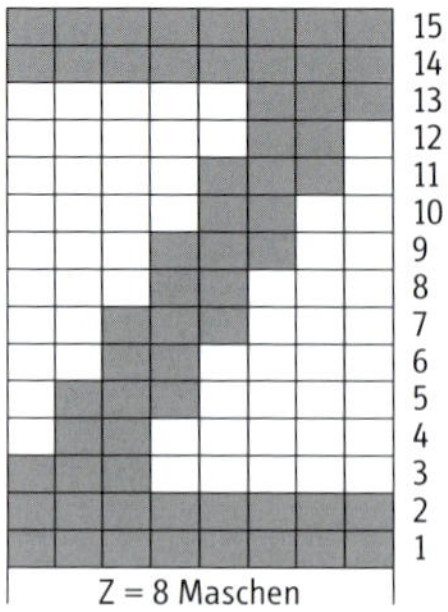

Zartes Flieder

Seite 18

Hebemaschenmuster

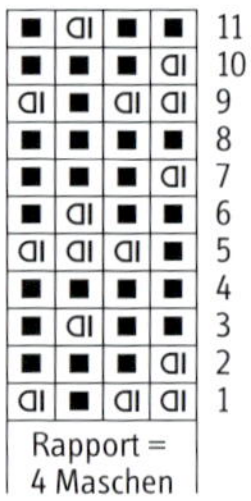

■ = 1 Masche rechts

– = 1 Masche links

ɑı = 1 Masche wie zum Linksstricken abheben mit dem Faden hinter der Masche

Ganz romantisch

Seite 2

Herzmuster

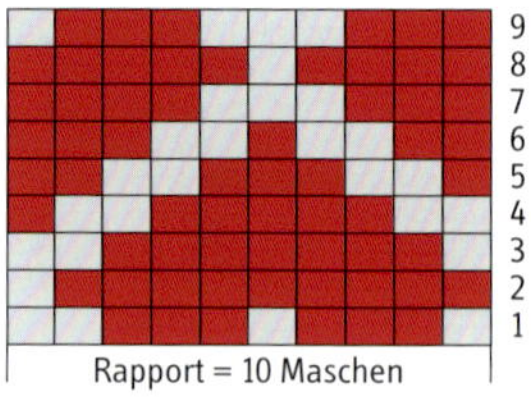

= 1 Masche rechts in Hellgrau

= 1 Masche rechts in Kirschrot

Kontrastreich

Seite 10

Lace-Noppenmuster

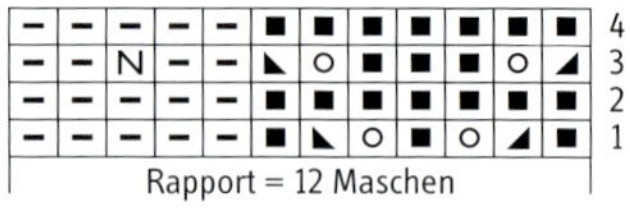

■ = 1 Masche rechts

– = 1 Masche links

◢ = 2 Maschen rechts zusammenstricken

◣ = 2 Maschen rechts überzogen zusammenstricken: 1 Masche wie zum Rechtsstricken abheben, die nächste Masche rechts stricken und die abgehobene Masche überziehen

O = 1 Umschlag

N = Noppe: 5 Maschen abwechselnd aus dem hinteren und vorderen M-Schenkel herausstricken, sodass 5 Maschen auf der rechten Nadel liegen. Mit der linken Nadel wie beim Abketten nacheinander die 2. Masche über die 1. Masche heben, bis noch 1 Masche auf der rechten Nadel verbleibt.

Dekoratives Blattmuster

Seite 12

Blattmuster

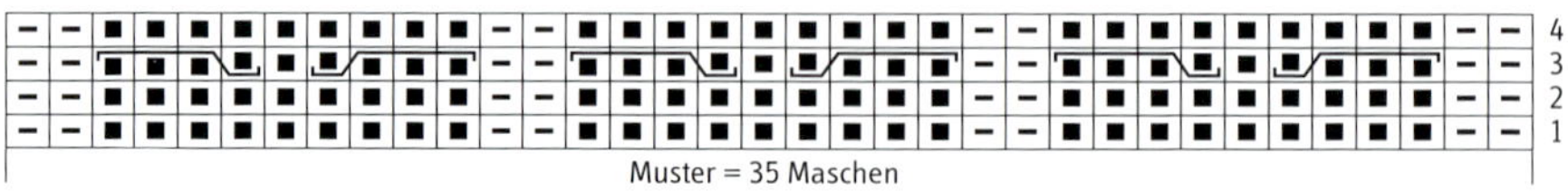

■ = 1 Masche rechts

– = 1 Masche links

= 3 Maschen auf einer Hilfsnadel hinter die Arbeit legen, 1 Masche rechts, dann die 3 Maschen von der Hilfsnadel rechts stricken

= 1 Masche auf einer Hilfsnadel vor die Arbeit legen, 3 Maschen rechts, dann die Masche von der Hilfsnadel rechts stricken

Verflochten

Seite 38

Strickschrift A: Zopf-Perlmuster Größe 51-54 cm

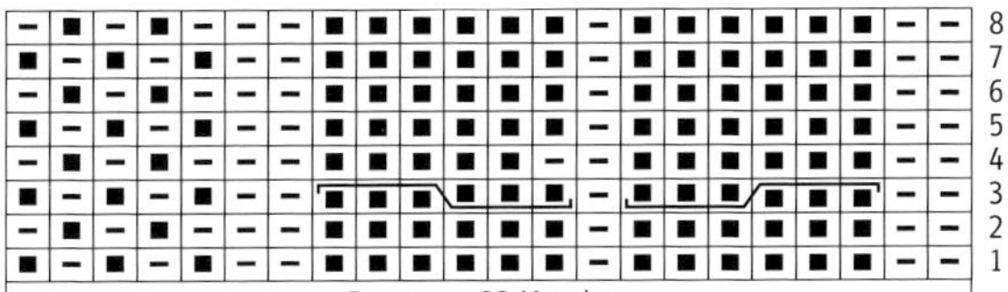

Rapport = 22 Maschen

Strickschrift B: Zopf-Perlmuster Größe 55-58 cm

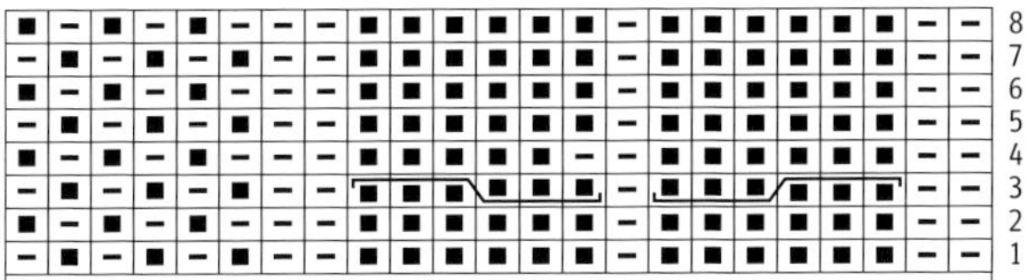

Rapport = 23 Maschen

Strickschrift C: Abnahmen Größe 51-54 cm

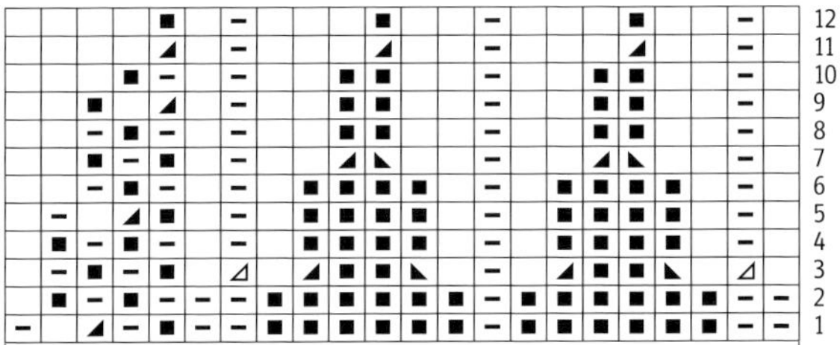

Rapport = 22 Maschen

Strickschrift D: Abnahmen Größe 55-58 cm

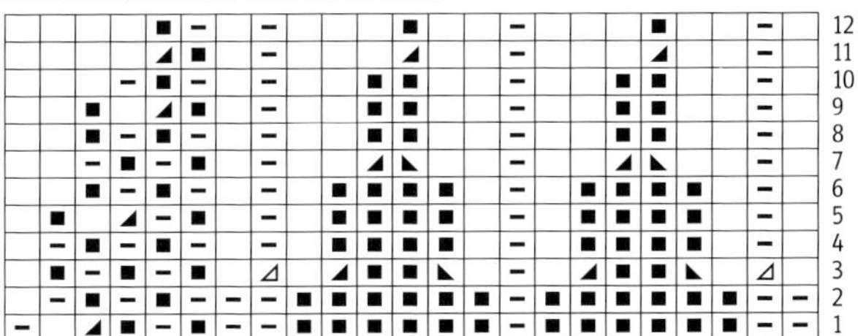

Rapport = 23 Maschen

■ = 1 Masche rechts

− = 1 Masche links

◢ = 2 Maschen rechts zusammenstricken

◣ = 2 Maschen rechts überzogen zusammenstricken: 1 Masche wie zum Rechtsstricken abheben, die nächste Masche rechts stricken und die abgehobene Masche überziehen

◿ = 2 Maschen links zusammenstricken

☐ = Keine Bedeutung, dient der besseren Übersicht

= 3 Maschen auf einer Hilfsnadel hinter die Arbeit legen, 3 Maschen rechts stricken, dann die 3 Maschen der Hilfsnadel rechts stricken

= 3 Maschen auf einer Hilfsnadel vor die Arbeit legen, 3 Maschen rechts stricken, dann die 3 Maschen der Hilfsnadel rechts stricken

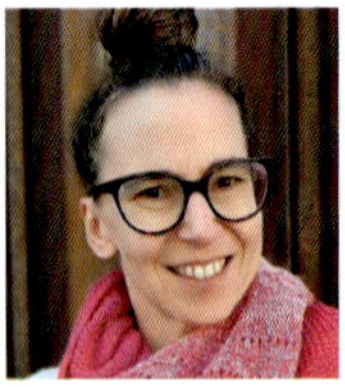
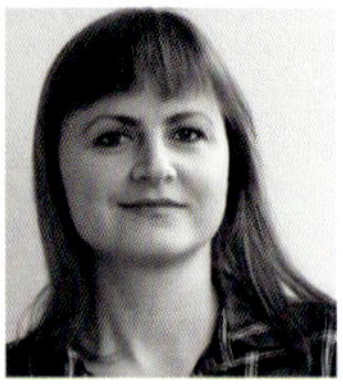

Kristin Joél, auch bekannt unter ihrem Label Joél Joél – handmade 4 friends, ist leidenschaftliche Strick-Designerin und hat in den letzten Jahren – neben einer Vielzahl von selbst veröffentlichten Designs – auch mit namhaften Zeitschriften, Verlagen, Wollherstellern sowie Handfärberinnen zusammengearbeitet. Darüber hinaus organisiert sie seit 2010 einen Stricktreff in München sowie gemeinsame Strickreisen.

Imke von Nathusius, ist diplomierte Bekleidungstechnikerin und arbeitet seit 2015 als selbstständige Designerin für Handstrickanleitungen und Autorin mit namhaften Garnherstellern und Verlagen zusammen. Sie entwickelt klassische Basic-Teile mit liebevollen Details und interessanten Stricktechniken. Einblicke dazu gibt es auf Instagram.

DANKE!

Wir danken folgenden Firmen für die Unterstützung mit Materialien:
Kremke Handelsgesellschaft mbH,
www.selected-yarns.com
Lana Grossa GmbH,
www.lanagrossa.de
buttinette Textil-Versandhaus GmbH,
www.buttinette.de
LANG & CO. AG,
www.langyarns.com

MIX
Aus verantwortungsvollen Quellen
FSC® C023577

Penguin Random House Verlagsgruppe
FSC® N001967

TOPP – Unsere Servicegarantie

WIR SIND FÜR SIE DA! Bei Fragen zu unserem umfangreichen Programm oder Anregungen freuen wir uns über Ihren Anruf oder Ihre Post. Loben Sie uns, aber scheuen Sie sich auch nicht, Ihre Kritik mitzuteilen – sie hilft uns, ständig besser zu werden.

Bei Fragen zu einzelnen Materialien oder Techniken wenden Sie sich bitte an unseren Kreativservice, Frau Erika Noll.
mail@kreativ-service.info
Telefon 07 11/12 37 57 20

Das Produktmanagement erreichen Sie unter:
pm@frechverlag.de
oder:
frechverlag
Produktmanagement
Dieselstraße 5
70839 Gerlingen
Telefon 07 11 / 8 30 86 68

LERNEN SIE UNS BESSER KENNEN! Fragen Sie Ihren Hobbyfach- oder Buchhändler nach unserem kostenlosen Magazin **Meine kreative Welt**. Darin entdecken Sie dreimal im Jahr die neuesten Kreativtrends und interessantesten Buchneuheiten.

Oder besuchen Sie uns im Internet! Unter **www.topp-kreativ.de** können Sie sich über unser umfangreiches Buchprogramm informieren, unsere Autoren kennenlernen sowie aktuelle Highlights und neue Kreativtechniken entdecken, kurz – die ganze Welt der Kreativität.

Kreativ immer up to date sind Sie mit unserem monatlichen **Newsletter**. Für aktuelle Infos, Gratis-Anleitungen und Gewinnspiele gleich anmelden unter **www.TOPP-kreativ.de/Newsletter**

IMPRESSUM

MODELLE: Kristin Joél (Seite 2, 7, 12, 18, 26, 32, 36, 38, 41), Imke von Nathusius (Seite 4, 10, 14, 16, 20, 22, 24, 29, 34, 42)

FOTOS: frechverlag GmbH, 70839 Gerlingen; lichtpunkt, Michael Ruder, Stuttgart

PRODUKTMANAGEMENT: Claudia Mack

LEKTORAT: Petra Puster, Niederpöcking

GESTALTUNG: Petra Theilfarth

DRUCK: POLYGRAF PRINT spol. s r.o.

2. Auflage 2022

ISBN 978-3-7358-7026 • Best.-Nr. 27026